金蝶ERP实验教程指定教材

会计电算化实验教程
——基于金蝶云星空V7.5

傅仕伟　杨兰　郑菁 ◎ 编著

清华大学出版社
北京

内 容 简 介

本书以金蝶云星空V7.5教学版为平台，引入企业的管理背景，采用业务流程与管理知识相结合的模式，分章节详细介绍财务管理中的应用知识，包括系统管理、总账管理、出纳管理、应收款管理、应付款管理、固定资产管理、报表等。书中充分结合企业的财务管理场景进行描述，帮助读者深入掌握财务业务与云管理等信息技术紧密结合的管理模式。本书适合高等院校经管类相关专业作为教学用书，也可用于会计类培训机构的教学。

本书教学资源丰富，配备金蝶云星空V7.5教学版安装程序、实验账套、教学课件和考题，以备教学所需。

本书封面贴有清华大学出版社防伪标签，无标签者不得销售。

版权所有，侵权必究。举报：010-62782989，beiqinquan@tup.tsinghua.edu.cn。

图书在版编目(CIP)数据

会计电算化实验教程：基于金蝶云星空 V7.5 / 傅仕伟，杨兰，郑菁编著 . —北京：清华大学出版社，2022.6（2025.6重印）

金蝶 ERP 实验课程指定教材

ISBN 978-7-302-60190-6

Ⅰ.①会… Ⅱ.①傅… ②杨… ③郑… Ⅲ.①会计电算化－实验－教材 Ⅳ.① F232-33

中国版本图书馆 CIP 数据核字 (2022) 第 031334 号

责任编辑：高 屾
封面设计：周晓亮
版式设计：方加青
责任校对：马遥遥
责任印制：刘 菲

出版发行：清华大学出版社

    网　　址：https://www.tup.com.cn，https://www.wqxuetang.com
    地　　址：北京清华大学学研大厦 A 座　　　邮　　编：100084
    社 总 机：010-83470000　　　　　　　　　　邮　　购：010-62786544
    投稿与读者服务：010-62776969，c-service@tup.tsinghua.edu.cn
    质 量 反 馈：010-62772015，zhiliang@tup.tsinghua.edu.cn

印 装 者：三河市东方印刷有限公司

经　　销：全国新华书店

开　　本：185mm×260mm　　　印　　张：10.5　　　字　　数：243 千字

版　　次：2022 年 6 月第 1 版　　　印　　次：2025 年 6 月第 7 次印刷

定　　价：45.00 元

产品编号：095017-01

前　　言

互联网技术的进步，推动中国企业的业务模式和个人的消费模式发生了翻天覆地的变化，也造就了诸多互联网巨头公司。同时，这些互联网公司也进一步快速推进着中国企业互联网化的步伐。

"互联网+"模式，是对中国企业向互联网转型的指引。在"互联网+"模式的影响下，传统企业的生存环境发生了很大的变化，从以往单个企业之间竞争的模式转向了产业环境之间的竞争与合作。企业如果能够把握住机会，就可以借助互联网获得更多的商机，让企业有更快更广的发展；否则，很可能在更加严峻的竞争中被淘汰出局。

随着人工智能技术与财务会计的结合、金税工程的深入推进、"互联网+"管理模式的演进，企业财务会计的重点和内涵正逐步升级。

首先，企业对于管理的实时性、精确性要求更高了。企业高层希望通过电脑、手机等移动设备随时随地获知企业经营的财务数据、业务数据。经常在外联系业务的营销人员也希望随时随地自助查询到所需要的产品报价、库存等信息，以便更有效地推进业务。这些管理需求、业务需求都是促成管理软件不断进步的重要因素。

其次，随着企业业务的逐步扩展及市场经营范围的扩大，跨地域多组织的运作模式已经成为很多企业的典型架构和管理方式。如何有效管理不同地区的组织，如何在多地域的协作中保持高效率的运作，是企业高层经常碰到的难题。

最后，多组织的运作模式及管理的精细化，使企业高层对于考核模式的要求越来越高。在多组织的协作模式下，高层不仅仅要了解整个组织法人体系的经营情况和考核数据，还需要了解从组织内部不同产品事业部、不同地区经营单元等角度进行分析的经营效率，也就是独立核算的考核模式。

以上这些因素促使管理软件企业将互联网及移动互联网技术融入优秀企业的管理模式，推出创新性的管理软件。

金蝶作为国内知名的管理软件厂商，一直致力于帮助中国企业借助管理信息化提升管理水平和竞争力，并在技术创新和管理模式的融合上不断突破，在云ERP领域处于国内领先地位。因此，本书以金蝶具有划时代意义的创新产品——金蝶云星空V7.5为蓝本，编写"互联网+"时代下的企业云会计电算化的相关案例教程。

金蝶云星空V7.5是金蝶采用云计算技术开发的、适应在互联网商业环境和"云+端"模式下运行的新一代企业管理软件，致力于打造"开放""标准""社交"的企业管理应用架构，为中国企业提供更加开放、更加强大、更加便捷的管理软件，强化企业的管理竞争力。

在云会计电算化方面，金蝶云星空V7.5具备了以下几个显著的新特性。
- 通过智能会计平台实现真正的平台级财务核算。智能会计平台在总账与业务系统之间搭建起桥梁，既实现了财务与业务的独立性，又能轻松建立连接，加大财务与业务处理的灵活度，真正实现了业务随时发生、财务随时核算的管理需要。
- 动态扩展的财务核算体系。系统既可以根据对外披露财报的需要构建法人账，也可以依据企业管理的需要构建利润中心管理账，并建立管理所需的多个维度的核算体系，包括按产品线、按地域管理、按行政组织的核算，实现对不同组织的独立业绩考核。
- 精细化的利润中心考核体系。系统既可以实现按企业、按事业部进行利润中心考核，还可以进一步层层分解，按照阿米巴的经营管理模式，实现按经营单元、按团队进行精细化的利润考核。
- 灵活的多组织销售业务协同。系统提供了多种销售业务协同模式，包括"集中销售+分散发货+集中结算""集中销售+分散发货+分散结算""集中销售+集中发货+分散结算""集中销售+集中发货+集中结算"等模式。
- 灵活的多组织采购业务协同。系统提供了多种采购业务协同模式，包括"集中采购+分散收货+集中结算""集中采购+分散收货+分散结算""集中采购+集中收货+分散结算""集中采购+集中收货+集中结算"等模式。
- 可扩展的多组织结算体系。在多组织协同与精细化考核体系下，必然存在对内部组织独立核算与考核的需求。多组织结算可以灵活定义多组织内部结算关系，并支持多会计核算体系、多种价格模式的内部结算，轻松应对内部复杂多变的结算业务。
- 丰富的移动应用。金蝶云星空V7.5基于金蝶的云之家平台，提供了丰富的财务、供应链移动轻应用，包括掌上资金、移动下单、业务审批、掌上订货、经营分析等，为基于移动互联网的管理模式创新提供了强有力的平台。

本书采用贴近企业实际业务流程处理的方式进行编写，在书中设计了某企业的完整案例，每个章节提供该企业具体的管理和业务流程，同时提供完整的业务数据来详细介绍企业云会计电算化背景下所涉及的系统功能和具体操作。这种业务流程化的编写模式有利于让读者对会计电算化有更深刻的认识，并对企业的实际业务理解更透彻，让学生达到不仅"知其然"，更"知其所以然"，能将所学的知识立刻应用于企业的实际会计处理中。

本书共分为11章，详细介绍了系统管理、总账管理、出纳管理、应收款管理、应付款管理、固定资产管理、报表等系统功能。

本书提供了丰富的教学资源(扫描右侧二维码即可获取)，包含的内容有：

(1) 金蝶云星空V7.5安装文件(限于文件太大，仅提供下载地址)，便于读者操作；

(2) 初始账套数据，便于学生练习；

(3) 教学课件(PPT格式)，便于教师授课；

(4) 考题，便于教师在教学后，对学生进行考核。

同时，本书提供操作视频(扫描正文相应位置二维码即可观看)，便于学习时重点参考。

教学资源

说明：

读者可登录金蝶云社区获取更多的学习资源，网址为：https://vip.kingdee.com/，选择"金蝶云·星空"。该板块提供了相关的学习内容，同时可通过社区论坛进行学习、交流，自助解决学习中遇到的各种问题。

本书结合了作者在企业的多年信息化实践的经验，适合作为高等院校财务管理、会计信息化、工商管理、信息管理等相关专业的教学用书，对学生了解企业的管理与实际业务，以及如何与信息系统结合非常有帮助。当然，本书对于企业业务管理人员和信息化主管也是一本不错的参考书。

本书在编写的过程中，参考了作者所在公司的一些工作成果，也借鉴了一些企业管理和信息化建设的相关资料和文献。因人员较多，在此不一一表述。因为有了他们的辛勤劳动，才会凝结成本书的最终成果。在此，谨对他们表示衷心的感谢！

编者

2022年4月

目 录

第1章 系统简介 ·· **1**
    1.1 产品体系结构 ··· 1
    1.2 整体业务架构图 ·· 3

第2章 实验背景介绍 ·· **5**

第3章 系统管理 ·· **7**
    3.1 系统概述 ·· 7
    3.2 实验练习 ·· 7

第4章 总账管理 ·· **31**
    4.1 系统概述 ·· 31
    4.2 实验练习 ·· 31

第5章 出纳管理 ·· **45**
    5.1 系统概述 ·· 45
    5.2 实验练习 ·· 47

第6章 应收款管理 ·· **67**
    6.1 系统概述 ·· 67
    6.2 实验练习 ·· 69

第7章 应付款管理 ·· **85**
    7.1 系统概述 ·· 85
    7.2 实验练习 ·· 87

第8章 固定资产管理 ·· **107**
    8.1 系统概述 ·· 107

8.2　实验练习 ·· 110

第9章　总账及期末业务 ·· 127
　　9.1　系统概述 ·· 127
　　9.2　实验练习 ·· 127

第10章　报表系统 ·· 145
　　10.1　系统概述 ·· 145
　　10.2　实验练习 ·· 147

第11章　能力拓展 ·· 157
　　11.1　背景概述 ·· 157
　　11.2　实验练习 ·· 157

第1章 系统简介

会计信息系统是一门融计算机科学、管理科学、信息科学和会计学为一体的综合学科。学生对会计信息系统基本理论的学习,可以为以后工作中的实际应用打下坚实的基础。随着企业市场竞争的日益激烈,越来越多的公司要求学生一上岗就能熟练操作信息化软件,光有理论的学习已远远不能满足企业用人的需要。本书就以企业的实际经营运作为蓝本,结合学校实验操作的要求,让学生通过上机实验模拟企业的真实业务场景进行相关技能的演练和提升。

依据目前国内外企业信息软件使用主流情况,本书选择国内知名软件公司——金蝶国际软件集团有限公司的金蝶云星空系统作为本书的学习范本。

与国外软件相比,金蝶云星空系统更符合中国国情,适合中国企业,其优异性已通过数十万家客户的应用得到验证。

金蝶云星空系统是一款基于云平台的社交化ERP系统。它是基于Web2.0与云技术的一个开放式、社会化的新时代企业管理服务平台。整个产品采用SOA架构,完全基于BOS平台组建而成,业务架构上贯穿流程驱动与角色驱动思想,结合中国管理模式与中国管理实践积累,精细化支持企业财务管理、供应链管理、生产管理、供应链协同管理等核心应用。

1.1 产品体系结构

金蝶产品根据企业应用规模开发了以下系列产品:适用于小微企业的金蝶云星辰、适用于中小型企业的K/3 wise、适用于中大型企业的云星空、适用于大型集团型企业的EAS,以及适用于超大型企业的金蝶云星瀚。同时,金蝶还有第一个基于服务导向架构(SOA)的商业操作系统——金蝶Cloud-BOS,以及基于云原生架构的低代码开发平台金蝶云苍穹,作为构造金蝶企业级管理系统的基础平台。

下面以金蝶的主流产品云星空V7.5为蓝本,介绍金蝶软件的应用。

金蝶云星空系统是一款云时代下诞生的新型ERP产品。在功能层面上,把握住了当下中国制造企业的特性与需求,兼容多语言、多会计准则、多税制;支持多组织、多工厂应用,是一款助力企业集团化发展的产品;针对中国企业组织结构多样化、考核体系变化快等特性，动态构建核算与考核体系。

在软件运行模式上，金蝶云星空颠覆传统ERP的服务模式，免安装客户端，纯Web应用，更支持移动互联下的智能终端应用，用户可以在任何时间、任何地点进行管理运作，突破企业管理的办公室局限和8小时工作时间局限。同时，对于用户而言，这是一款完全社交化的ERP产品，用户可以一边向供应商订货，一边与同事、领导、供应商在线协调，工作首先从做朋友开始；此外，这是一款基于角色与业务的全流程驱动产品，对于普通用户而言，以后不再是自己找工作做，而是"工作找人"。

金蝶云星空系统的主要功能涵盖了企业经营管理活动的各个方面。同时，它也在进一步发展中。金蝶云星空教学版是基于金蝶云星空软件系统V7.5来定制研发的，未来会跟随其版本同步升级发展。

目前金蝶云星空系统V7.5的子系统主要包括：

- 总账管理子系统
- 智能会计平台
- 报表管理子系统
- 应收款管理子系统
- 应付款管理子系统
- 出纳管理子系统
- 存货核算子系统
- 产品成本核算子系统
- 标准成本分析子系统
- 固定资产管理子系统
- 发票管理子系统
- 合并报表管理子系统
- 资金管理子系统
- 费用管理子系统
- 人人报销子系统
- 网上银行管理子系统
- 预算管理子系统
- 经营会计子系统
- 采购管理子系统
- 销售管理子系统
- 信用管理子系统
- 库存管理子系统
- 组织间结算子系统
- 工程数据管理子系统
- 生产管理子系统
- 委外管理子系统

- 计划管理子系统
- 车间管理子系统
- 质量管理子系统
- 质量追溯子系统
- 促销管理子系统
- 返利管理子系统
- B2B电商中心
- 全网会员
- BBC业务中心
- BBC分销商门户
- BBC门店门户

1.2 整体业务架构图

金蝶云星空结合当今先进管理理论和数十万家国内客户最佳应用实践，面向事业部制、多地点、多工厂等运营协同与管控型企业及集团公司，提供一个通用的ERP服务平台。金蝶云星空支持的协同应用包括但不限于：集中销售、集中采购、多工厂计划、跨工厂领料、跨工厂加工、工厂间调拨、内部交易及结算等。

金蝶云星空系统整体业务架构，如图1-1所示。

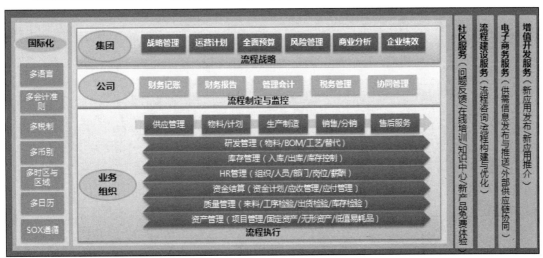

图1-1 金蝶云星空系统整体业务架构

金蝶云星空管理信息系统涵盖了企业管理的方方面面，本书将以金蝶云星空V7.5为蓝本，介绍金蝶云星空会计电算化部分的相关内容。

第 2 章　实验背景介绍

本书模拟某家高新技术企业——云端智能科技股份有限公司的ERP财务管理系统上线实施应用的全过程。

云端智能科技股份有限公司是一家集研发、生产、销售为一体的高新技术公司，主营智能制造设备的生产与销售。主要产品是全自动贴合机，公司生产的贴合机结合最新的人工智能技术，能针对不同的生产线全自动智能调整，并对接产线需求，是目前市面上最新型的智能全自动贴合机，产品一经推出就备受广大客户的关注和踊跃订购。

随着云端智能科技股份有限公司业务扩展，原有的ERP软件已经不能满足企业多业务管理的需求，经考察、评估后，企业于2020年购买了适用于公司多业务管理的金蝶云星空系统V7.5，并准备于次年1月正式启用。考虑到实施的难度和工作量，其决定先实施财务管理系统。

云端智能科技股份有限公司本次实施的财务管理系统主要包括：

- 总账管理子系统
- 应收款管理子系统
- 应付款管理子系统
- 出纳管理子系统
- 固定资产管理子系统
- 报表管理子系统

按照软件供应商的要求，上线前要先行整理企业的一些资料，如组织架构、人员等。

公司主要业务职责如表2-1所示。

表2-1 公司主要业务职责

组织	职责	拟使用的软件中的业务组织
云端智能科技股份有限公司	法人	销售职能 采购职能 库存职能 工厂职能 质检职能 结算职能 资产职能 资金职能 收付职能 营销职能 服务职能 共享中心 研发职能

企业的其他资料在后述的操作中再逐一介绍。

第 3 章 系统管理

3.1 系统概述

使用ERP软件时涉及的组织、部门、人员众多,而且对信息资源的共享和隔离要求高,金蝶云星空V7.5作为一款新型云时代下的ERP产品,可以实现多法人、多事业部、多地点等多组织应用模式,在开始使用金蝶云星空进行业务处理之前,需要搭建企业的组织架构体系,根据企业具体情况对基础资料进行隔离和共享设置,并根据不同的业务要求为用户设置合适的权限来访问系统。上述功能都可在系统管理中得到处理,深入地理解和熟练地掌握系统管理部分的功能是使用金蝶云星空进行业务处理的前提条件。

3.2 实验练习

本节案例数据以学号为201801001的学生张三为例,进行后续全部实验操作。

系统管理

实验一 金蝶云星空产品安装

在使用金蝶云星空系统之前,必须先安装好金蝶云星空系统。

应用场景

公司购买了金蝶云星空软件,并准备于2021年1月正式使用,信息部主管收到软件供应商提供的软件安装包后,开始准备系统安装。

实验步骤

- 制定部署策略。
- 安装配套软件。
- 安装金蝶云星空软件。

> 操作部门及人员

一般由软件供应商或公司信息系统部的人员负责安装。

> 实验前准备

- 当企业购买了软件后,就要开始安装工作。与普通应用软件不同的是,ERP软件的安装相对复杂,需要考虑的因素更多。根据使用人数的多少、数据量的大小等,ERP软件的安装布局也有不同的解决方案。在安装金蝶云星空软件前,需要统计企业的业务流量、数据大小、用户数等,据以分析计算机及网络等的配置标准。
- 一般情况下,中型应用企业客户需要准备两台部门级服务器及若干台计算机(根据用户数确定计算机数量)。

> 操作指导

金蝶云星空以B/S架构为基础。B/S架构是一种典型的三层结构。其中:以浏览器为支撑的客户端负责与用户交互;业务服务器层进行业务逻辑处理;数据服务器层采用关系数据库进行业务数据的持久化存储。

对于数据库,应安装数据库产品和金蝶云星空数据库服务部件。目前,金蝶云星空系统同时支持数据库产品Microsoft SQL Server和Oracle,所有的业务数据都存储在这里。

Web服务层包括所有业务系统的业务逻辑组件。这些组件会被客户端所调用,是金蝶云星空系统的核心部分。

1. 系统部署角色

金蝶云星空系统的部署角色分为应用服务器、管理中心、管理数据库、账套数据库、管理员、用户。系统角色的定义如表3-1所示。

表3-1 系统角色定义

角色	定义
应用服务器	提供"系统业务站点",一般用户通过访问应用服务器来使用系统;应用服务器可访问的数据中心列表、用户许可都是管理中心提供的
管理中心	提供"系统管理站点",仅供管理员访问,用于管理数据中心数据库和应用服务器,用户许可管理也在管理中心进行 管理中心和应用服务器是一对多的关系,即一个管理中心可管理多个应用服务器,每个应用服务器只能注册到一个管理中心
管理数据库	提供"管理数据"给管理中心;该角色不需安装任何金蝶组件,仅有数据库系统即可
账套数据库	提供"数据中心"给应用服务器访问;该角色不需安装任何金蝶组件,仅有数据库系统即可
管理员	"系统管理员",通过浏览器访问管理中心进行系统管理
用户	"一般用户",通过浏览器或WPF客户端访问应用服务器

2. 基本部署策略

1) 生产环境部署方案

数据库服务器与管理中心和应用服务器分别单独部署在专用服务器上,如图3-1所示,适合于金蝶云星空系统大多数部署场景。

为保证系统性能，在客户生产环境，应用服务器和数据库服务器必须分开单独部署，并且建议这些服务器专用于金蝶云星空服务，不建议用其他企业应用服务器(如AD、DNS、Mail等)兼任。这样做才能保证不会发生多种服务争抢服务器运算资源，严重影响金蝶云星空系统运行性能的情况。从网络安全角度考虑，管理员可能对数据库服务器、应用服务器采用不同的安全策略，例如将数据库隔离在单独VLAN(虚拟局域网)、将应用服务器放在DMZ(隔离区)等，服务器分开部署更能满足网络安全方面的要求。

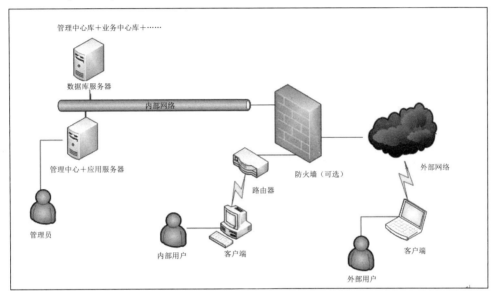

图3-1 生产环境标准部署方案

2) 非生产环境部署方案

数据库服务器与应用服务器都装在同一服务器上，适用于金蝶云星空系统演示、练习等应用场景，如图3-2所示。

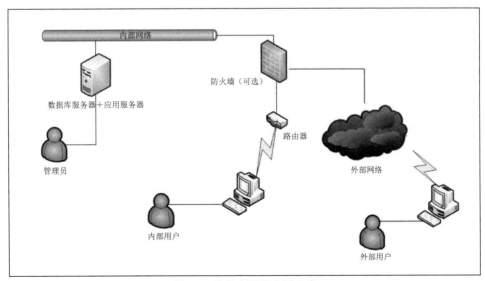

图3-2 非生产环境部署方案

对于系统演示、测试或开发等小型的应用场景，业务量较小，可以将数据库、管理中心和应用服务器安装在同一台服务器上。为保证系统性能，在客户生产环境严禁采用这种部署方式。

3. 安装配套软件

在安装金蝶云星空软件之前，建议在数据库服务器上先安装数据库，金蝶云星空支持SQL Server和Oracle两种数据库软件。本书安装的配套数据库是SQL Server 2008 R2，数据库管理员是"sa"，密码是"sa"。

金蝶云星空访问支持Silverlight和HTML5两种模式。支持Silverlight插件的浏览器有Internet Explorer 8.0～11.0和Chrome 44及以上版本。支持HTML5的浏览器有Chrome37及以上版本，IE浏览器11.0及以上版本。

4. 安装金蝶云星空软件

配套软件及机器准备好后，接下来开始安装金蝶云星空产品，下面所有安装都以本机系统管理员身份登录，在安装之前退出正在运行的其他第三方软件，特别是杀毒软件和相关防火墙。

用户在新环境上安装金蝶云星空时，请按如下顺序进行。

(1) 打开【金蝶云星空安装盘】文件夹，双击SETUP.exe图标，首先出现金蝶云星空的安装程序界面，如图3-3所示。

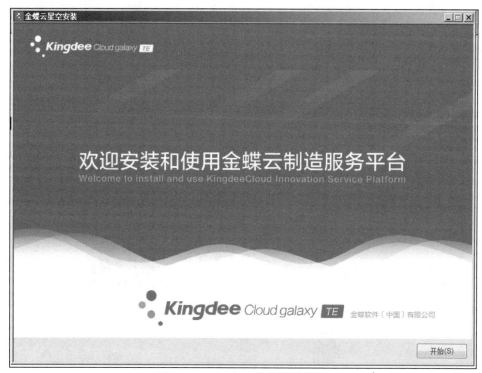

图3-3　金蝶云星空安装程序界面

(2) 单击【开始】按钮，进入许可协议界面，如图3-4所示，认真阅读许可说明后，勾选"本人已阅读并接受上述软件许可协议"。

图3-4　许可协议界面

(3) 单击【下一步】按钮，进入功能选择界面，如图3-5所示，本书采用非生产环境的部署方式，因此选择"全部"；单击界面上的【浏览】按钮还可以修改安装位置。

图3-5　功能选择界面

(4) 单击【下一步】按钮，进入环境检测界面，如图3-6所示。

图3-6　环境检测界面

(5) 环境检测之后会提示需要修复的问题，如图3-7所示，单击【自动修复】按钮后，可自动安装和启用产品依赖的Windows组件和服务。

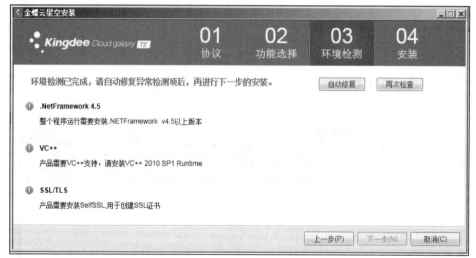

图3-7　环境检测结果界面

(6) 自动修复结束后，单击【再次检查】按钮，查看环境检测结果，若通过环境检测，界面如图3-8所示。

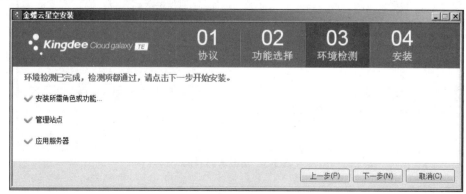

图3-8　检查通过界面

(7) 单击【下一步】按钮，进入安装等待界面，如图3-9所示。

图3-9　安装等待界面

(8) 安装完毕后跳转到安装完成界面，如图3-10所示，单击【完成】按钮，成功完成金蝶云星空软件的安装。

图3-10　安装完成界面

(9) 安装完成后，默认打开管理站点，单击【创建】按钮，右边显示SQL Server管理中心，如图3-11所示，在该界面填写数据库服务相关信息，管理员为"sa"，密码可自行设置。一定要填写"数据文件路径""数据库文件日志路径"，填写完成后单击【测试连接】按钮，测试连接成功后，单击【创建】按钮进行管理中心创建。

图3-11　管理中心向导

(10) 完成管理中心数据库创建后，系统提示创建完成，如图3-12所示。

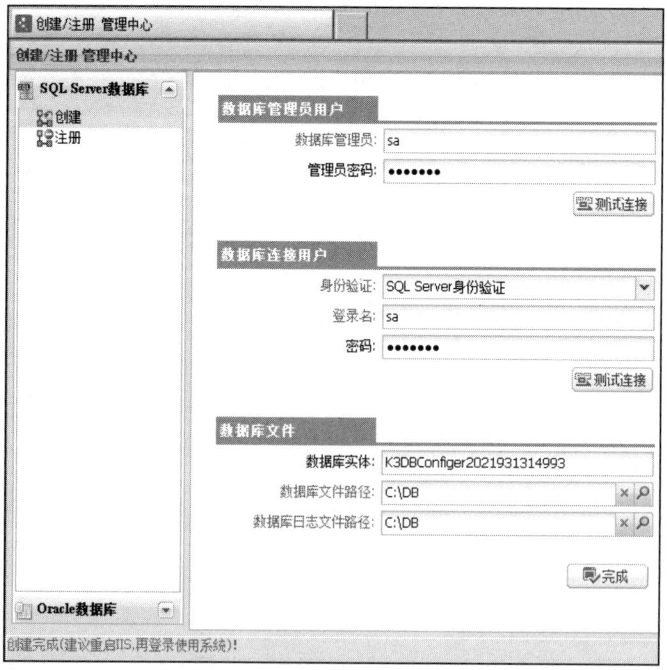

图3-12　管理中心创建完成

(11) 单击【完成】按钮，自动打开管理中心登录界面，如图3-13所示，默认管理员用户名：Administrator，默认密码：888888。

图3-13　管理中心登录界面

(12) 完成产品安装后，在桌面会出现"金蝶云星空管理中心"和"金蝶云星空"两个桌面快捷方式图标，如图3-14所示。后续要进行数据中心管理维护时，双击打开"金蝶云星空管理中心"登录；要进行业务处理时，双击打开"金蝶云星空"即可。

图3-14　快捷方式图标

实验二　新建数据中心

数据中心是业务数据的载体，支持SQL Server和Oracle两种数据库，并可以按数据中心设置系统时区。在使用金蝶云星空系统之前，必须先建立存储业务数据的数据中心。

应用场景

金蝶软件安装已经完成，即将准备使用金蝶云星空软件。

实验步骤

新建数据中心。

操作部门及人员

由软件供应商或者公司信息系统部的人员负责数据中心的设立。

实验前准备

- 了解拟使用的系统，进而确定数据中心类别。
- 确认数据库服务器路径、拟采用的数据库类型、身份验证方式和系统时区。

操作指导

新建数据中心

(1) 双击安装后生成的桌面快捷图标"金蝶云星空管理中心"，打开金蝶云星空管理中心登录界面，默认管理员用户名：Administrator，默认密码：888888，单击【登录】按钮后，进入管理中心界面。

(2) 在管理中心界面单击左上角的"所有功能"键，可以打开管理中心的功能菜单，如图3-15所示。

图3-15 管理中心界面

(3) 在功能菜单中，执行【数据中心】—【数据中心列表】命令，打开数据中心列表界面，如图3-16所示，可看到目前管理中心管理的全部数据中心记录。

图3-16 数据中心列表界面

(4) 执行【创建】—【创建SQL Server数据中心】命令，打开创建SQL Server数据中心向导界面，如图3-17所示，根据数据库服务器填写信息。

图3-17 数据中心向导界面

(5) 单击【下一步】按钮，进入数据中心信息填写界面，如图3-18所示，填写完成后单击【创建】按钮即可完成数据中心创建。

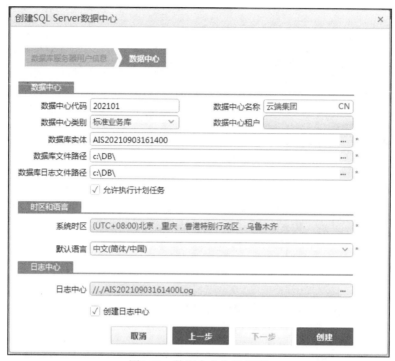

图3-18 数据中心向导界面

(6) 数据中心创建完毕后，在【金蝶云星空管理中心】中的【数据中心列表】中，可以找到新增的数据中心。

实验三 数据中心维护

应用场景

为了确保数据安全性或为了在灾难发生时将数据丢失的损害降到最低限度，需要定期对业务操作过程中的各种数据进行备份，一旦数据中心被破坏，可以通过恢复功能将备份的数据中心恢复成一个新的数据中心，以继续进行业务处理。

实验步骤

- □ 数据中心备份与恢复。
- □ 数据中心云备份。

操作部门及人员

由公司信息系统部的人员负责数据中心的维护。

操作指导

1. 数据中心备份与恢复

信息部管理员双击桌面快捷图标"金蝶云星空管理中心"，打开金蝶云星空管理中心登录界面，默认管理员用户名：Administrator，默认密码：888888，单击【登录】按钮后，进入管理中心界面。

当需要备份数据中心的时候，执行【数据中心】－【数据中心列表】命令，打开数据中心列表，选择需要备份的数据中心后，单击【备份】按钮，打开数据中心备份界面，如图3-19所示，在备份界面填写数据库管理员、密码及备份路径后，单击【执行备份】按钮，完成数据中心的备份。

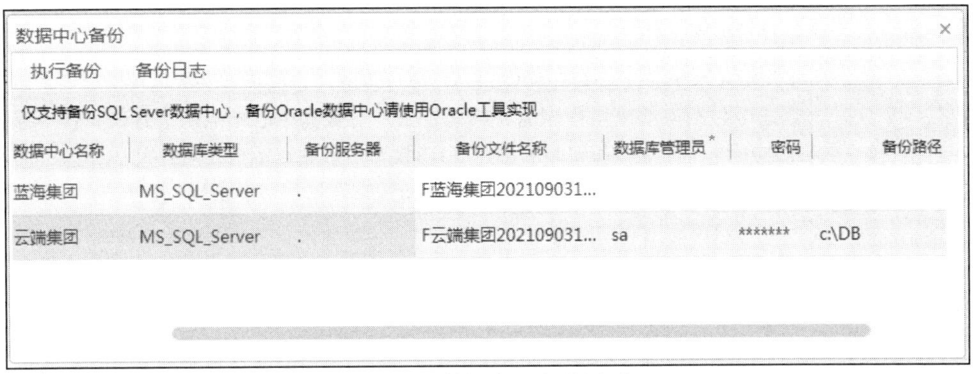

图3-19 数据中心备份界面

当需要恢复数据中心的时候，执行【数据中心】－【数据中心列表】命令，打开数据中心列表，单击【恢复】按钮，打开数据中心恢复界面，如图3-20所示。在恢复界面，根据具体情况填写数据库服务器、数据库管理员、密码及备份文件路径等信息后，单击【执行恢复】按钮，完成数据中心的恢复工作。

图3-20 数据中心恢复界面

恢复界面字段说明如表3-2所示。

表3-2 恢复界面字段说明

字段名称	说明
数据库服务器	存放备份文件的数据库服务器
数据库管理员	输入数据库服务器管理员名称
管理员密码	输入数据库服务器管理员密码
备份文件	选择数据库文件的备份路径
身份验证	支持SQL Server身份验证和Windows身份验证，若选择Windows身份验证，默认从数据中心站点的应用程序池获取运行账户，数据中心站点的运行账户在产品安装过程中进行设置，在安装后也可在IIS数据中心站点的应用程序池中修改；若选择SQL Server身份验证，请输入SQL Server数据库用户名和密码
登录名	输入数据连接用户的账号
密码	输入数据连接用户的账号密码，使用Windows身份验证不需要输入密码，但是数据库服务器中必须存在这个账户
数据中心名称	输入1~80个字符
数据库文件路径	选择数据库文件的恢复路径

注意：

数据中心备份和恢复的时候，目前仅支持备份和恢复SQL Server数据中心，如果要备份和恢复Oracle数据中心，请使用Oracle工具实现。

2. 数据中心云备份

在服务器硬盘空间不够大的情况下，可以通过数据中心云备份的方式将数据中心备份到金蝶云盘中，后续要恢复时从云盘获取即可，这种方式可以最大化地节省数据库服务器的硬盘空间。云备份的内容介绍仅供参考，不用操作。

当需要云备份的时候，登录管理中心执行【数据中心】—【数据中心列表】命令，打开数据中心列表界面，执行【云盾】—【云备份】命令，打开云备份数据中心界面，在界面中填写数据中心信息、数据库管理员名称、云备份信息等内容。如果对备份文件要求加密，则勾选"文件加密"，然后输入安全密钥，如图3-21所示，单击【执行云备份】按钮就开始备份数据中心，并将备份文件保存到云端。

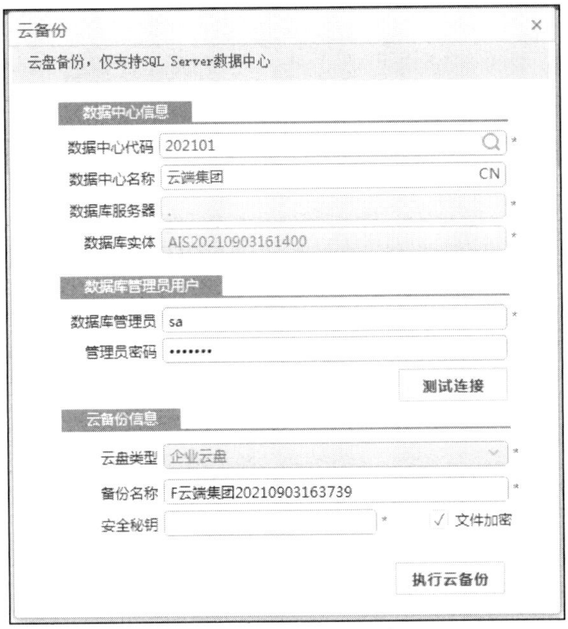

图3-21　云备份界面

当需要云恢复的时候，执行【云盾】－【云恢复】命令，打开云恢复数据中心界面，在界面中选择之前备份在云盘上的数据中心备份文件，并填写对应的数据库服务器信息，以及恢复数据中心信息。如果之前使用的云盘文件是加密过的，则勾选"文件加密"，并输入安全密钥，如图3-22所示，单击【执行云恢复】按钮，就开始恢复数据中心。

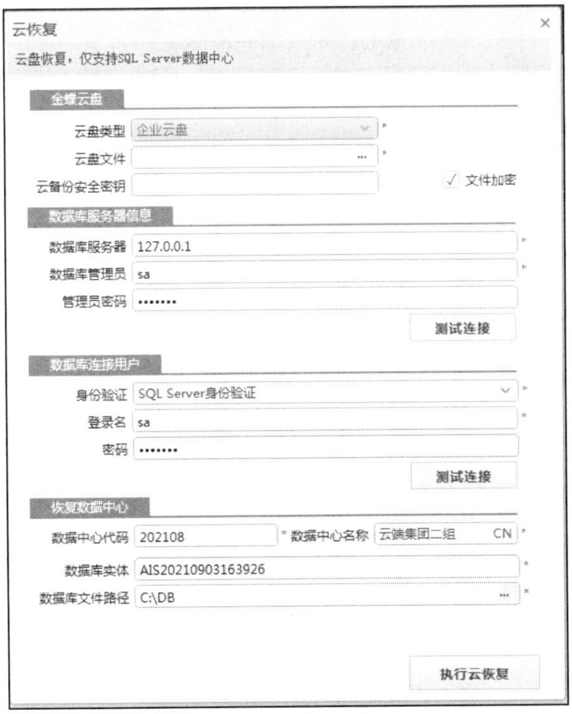

图3-22　云恢复界面

注意：

云备份除了提供基本的备份恢复功能外，还提供云盘账套维护和云操作记录查看功能。用户可用过云盘账套维护来删除保存在云盘中的废弃文件，还可使用云操作记录来查看所有云备份和云恢复的操作记录提高管理的安全性。

从实验四开始，以学号为201801001的学生张三为例，进行后续全部实验操作。

实验四 搭建组织机构

应用场景

开始使用金蝶云星空进行业务操作之前，需要根据企业的真实情况搭建组织机构。

实验步骤

☐ 搭建组织机构。

实验前准备

☐ 使用教师提供的数据中心：云端公司一组。

实验数据

云端智能科技股份有限公司作为新成立的公司，只需要建立一个组织即可，组织机构信息如表3-3所示。

表3-3 组织机构信息表

编码	组织名称	组织形态	核算组织类型	业务组织类型
学号	云端公司_姓名	公司	法人	勾选全部业务组织

操作指导

1. 登录系统

双击安装后生成的桌面快捷图标"金蝶云星空"，打开金蝶云星空登录界面，如图3-23所示，选择数据中心为"云端公司一组"，系统管理员用户名：Administrator，默认密码：888888，单击【登录】按钮后，进入金蝶云星空系统管理界面。

图3-23 金蝶云星空登录界面

2.搭建组织机构

登录金蝶云星空系统后,打开功能菜单,执行【系统管理】—【组织机构】—【组织机构】—【组织机构】命令,显示组织机构列表,如图3-24所示。

图3-24 金蝶云星空功能菜单界面

在组织机构列表界面,单击功能页签【新增】按钮,进入组织机构新增界面,根据表 3-3的实验数据,在界面中输入学号和姓名等信息。以学生张三为例,如图3-25所示,输入信息如下。

编码:201801001

组织名称:云端公司_张三

组织形态:公司

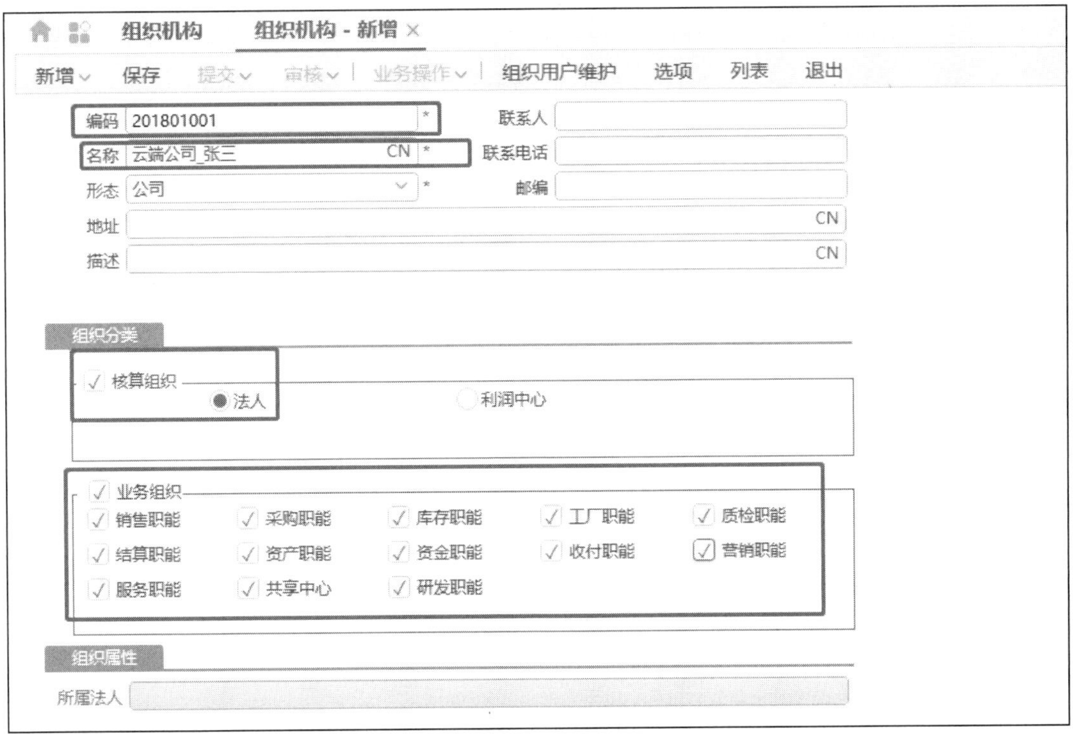

图3-25 组织机构新增界面

在组织机构新增界面输入正确信息后,依次单击【保存】【提交】【审核】按钮,完成组织机构新增,再次进入组织机构列表界面,可查看新增的组织机构信息,如图3-26所示。

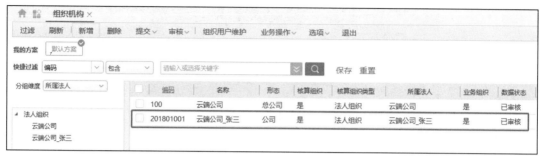

图3-26　组织机构查询界面

组织机构主要字段属性说明如表3-4所示。

表3-4　组织机构字段属性说明

字段名称	说明
编码	组织机构的编码不能重复
描述	可以不填写组织的描述信息
组织形态	来源于组织形态基础资料,默认为公司
组织分类	分为核算组织和业务组织两种类型,必须至少选择一个
核算组织	财务上独立核算的组织分为法人和利润中心两种,当核算组织被选中时,可以选择法人、利润中心其中之一
法人	对于独立核算的法人组织,只有当核算组织被选中时,才可选择法人
利润中心	对于独立核算的利润中心,只有当核算组织被选中时,才可选择利润中心
业务组织	对于业务上独立运作的组织,只有当组织为业务组织时,才可以选择具体的组织职能
组织职能	来源于组织职能的基础资料
组织属性	在组织属性分类下可以进行所属法人的设置
所属法人	来源于法人属性的组织,当组织本身为法人时,所属法人为本身;当组织为业务组织或者利润中心时,必须从系统的法人组织中选择一个组织作为所属法人

实验五　用户管理

金蝶云星空系统中流转着企业的基础数据和业务数据,企业数据信息的保密性和安全性是非常重要的,比如企业的资金状况只有财务部的相关工作人员可以查看,其他人员没有权限了解这些信息;如果企业是多组织企业,每个组织下的财务人员只能看到自己所属组织下的资金情况,只有企业中特定的财务主管才能看见所有组织的资金情况。针对使用人员的数据安全性,金蝶云星空系统中提供了系统管理模块来实现用户权限的管理。

应用场景

为了防止企业的一些关键信息被无关的人员随意获取,需要对操作软件系统的每一个人员进行权限的管理分配。

实验步骤

- 信息管理员管理。
- 用户管理。

操作部门及人员

由公司信息系统部的人员负责用户管理。在云端智能科技股份有限公司,由信息管理员负责用户管理。

实验前准备

先调查、统计每个系统使用人员的业务操作范围,并明确功能、业务等的操作权限。

实验数据

用户详细信息如表3-5所示。

表3-5 用户详细信息表

用户名称	密码	职位	角色	组织
信息管理员_姓名	学号	信息管理员	全功能角色	云端公司_姓名
			administrator	
会计_姓名	学号	会计	会计	云端公司_姓名
出纳_姓名	学号	出纳	出纳	云端公司_姓名
财务经理_姓名	学号	财务经理	财务经理	云端公司_姓名

操作指导

1. 增加信息管理员用户

用系统管理员用户名:Administrator,默认密码:888888,登录金蝶云星空系统后,打开功能菜单,执行【系统管理】—【系统管理】—【用户管理】—【查询用户】命令,如图3-27所示。

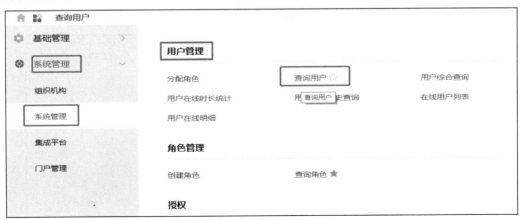

图3-27 查询用户界面

打开查询用户界面,单击【新增】按钮,进入用户新增界面,根据表3-5的信息填写,以学生张三为例,录入用户名称为"信息管理员_张三",组织名称为"云端公司_张三",单击角色编码栏的放大镜,如图3-28所示;在角色列表勾选"全功能角色""administrator",单击【返回数据】按钮,如图3-29所示。填写完成后,单击【保存】按钮,如图3-30所示。

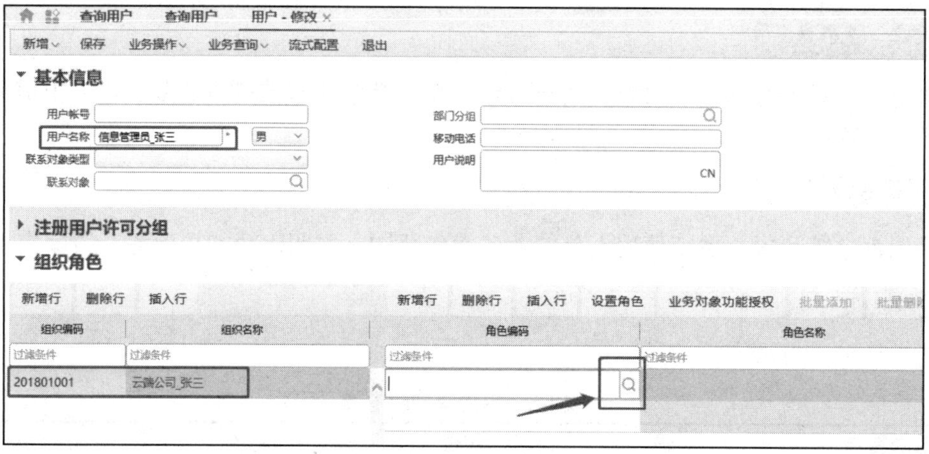

图3-28 用户新增界面

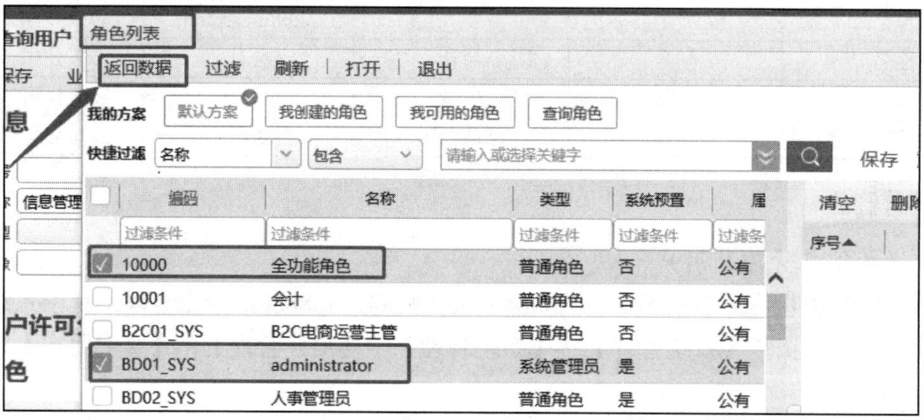

图3-29 角色列表

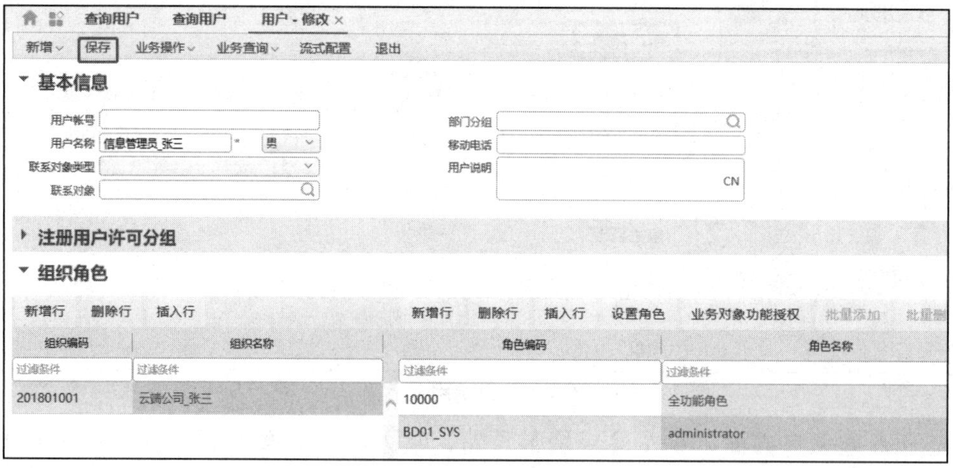

图3-30 用户新增完成

在查询用户界面，勾选新建的"信息管理员_张三"用户，单击【密码策略】—【重置密码】按钮，打开重置用户密码界面，修改密码为学生的学号，单击【确定】按钮，如图3-31所示。

图3-31 重置密码

2. 用户管理

用新建的信息管理员_姓名登录金蝶云星空系统，如图3-32所示。

图3-32 信息管理员登录

登录成功后，打开功能菜单，执行【系统管理】—【系统管理】—【用户管理】—【查询用户】命令，打开查询用户界面，如图3-33所示。

图3-33 查询用户

单击【新增】按钮，打开用户新增界面，根据表 3-5的用户信息填写其他用户信息。以学生张三为例，如图3-34所示，输入信息如下。

用户名称：会计_张三

组织名称：云端公司_张三

角色名称：会计

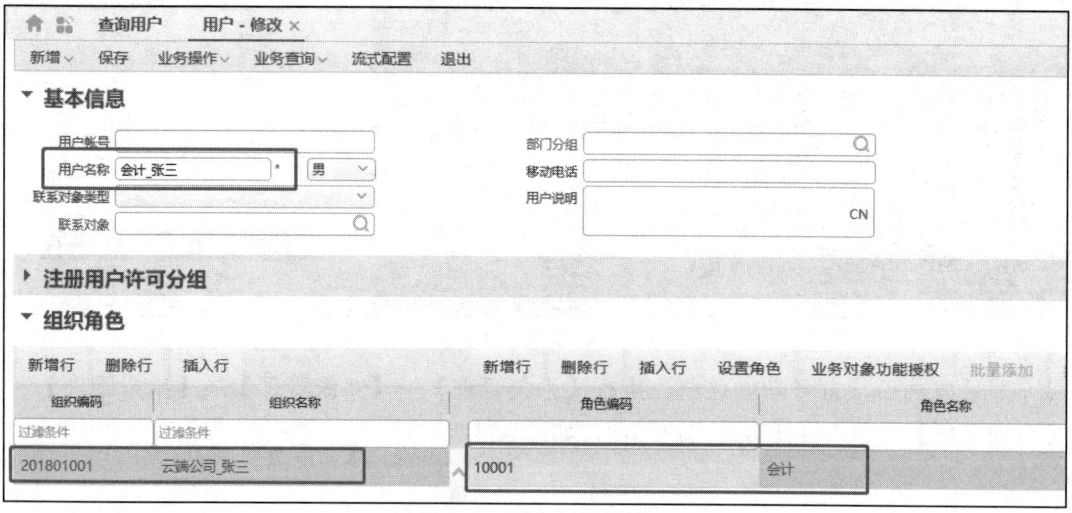

图3-34 用户新增界面

在查询用户界面，勾选新建的"会计_张三"用户，单击【密码策略】—【重置密码】按钮，打开重置用户密码界面，修改密码为学生的学号，如图3-35所示。

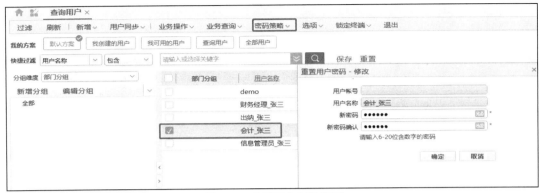

图3-35 重置用户密码界面

参考上述方法，根据表 3-5的实验数据新增"出纳_姓名"和"财务经理_姓名"这两个用户并修改登录密码，完成后，执行【系统管理】—【系统管理】—【用户管理】—【查询用户】命令，打开查询用户界面，查看全部的用户信息，如图3-36所示。

图3-36 查询用户界面

第 4 章 总账管理

4.1 系统概述

总账系统是财务会计系统中最核心的系统,它以凭证处理为中心,进行账簿报表的管理。它可与各个业务系统无缝衔接,实现数据共享。企业所有的核算最终要在总账中体现。

总账系统主要是进行凭证账簿管理的系统,它提供了凭证的录入、查询、审核、修改、删除、记账(过账)、总分类账查询、明细分类账查询、核算维度明细账查询、自动转账、期末自动调汇、期末自动结账损益、期末结账等功能。

4.2 实验练习

本节案例数据以学号为201801001的学生张三为例,进行后续全部实验操作。

总账管理

实验一 系统初始化

应用场景

创建好组织信息和用户信息后,在开始使用金蝶云星空进行业务操作之前,需要根据企业真实情况设置基础资料。

实验步骤

- □ 设置基础资料。
- □ 设置系统参数。
- □ 录入初始数据。
- □ 结束初始化。

实验前准备

- □ 使用教师提供的数据中心:云端公司一组。

- 用户名称：信息管理员_张三。
- 密码为学号：201801001。

实验数据

1. 基础资料

基础资料是企业进行日常业务处理时所必需的通用的基础性数据，如物料、客户、供应商、部门员工信息、仓库、银行账户信息、会计核算体系、账簿信息等。

1) 云端智能科技股份有限公司的物料信息如表4-1所示。

表4-1 物料信息

物料编码	物料名称	属性	税率
学号.01	自动驾驶机器人R型	自制/产成品	13%
学号.02	自动驾驶机器人S型	自制/产成品	13%
学号.03	智能芯片	外购/原材料	13%
学号.04	主控系统	外购/原材料	13%
学号.05	酷炫外壳	外购/原材料	13%
学号.06	电脑	资产	13%
学号.07	电力	费用/服务	13%

2) 云端智能科技股份有限公司客户信息如表4-2所示。

表4-2 客户信息

编码	客户	客户类别	结算币别	默认税率
学号.01	迅腾科技	普通销售客户	人民币	13%
学号.02	度白科技	普通销售客户	人民币	13%
学号.03	米小科技	普通销售客户	人民币	13%

3) 云端智能科技股份有限公司供应商信息如表4-3所示。

表4-3 供应商信息

编码	供应商名称	供应类别	结算币别
学号.01	精益电子	采购	人民币
学号.02	华南制造	采购	人民币
学号.03	供电公司	采购	人民币

4) 云端智能科技股份有限公司的其他往来单位：

编码：学号.01，名称：证券交易所

编码：学号.02，名称：保险公司

5) 云端智能科技股份有限公司部门及员工信息如表4-4所示。

表4-4 部门及员工信息

部门	部门属性	岗位	员工编码	员工	生效日期
行政部	管理部门	行政经理	学号.01	林青	2021/1/1
财务部	管理部门	财务主管	学号.02	华峰	2021/1/1
采购部	管理部门	采购员	学号.03	刘辉	2021/1/1

(续表)

部门	部门属性	岗位	员工编码	员工	生效日期
销售部	销售部门	销售员	学号.04	乔羽	2021/1/1
生产部	基本生产部门	生产经理	学号.05	林东	2021/1/1
仓储部	基本生产部门	仓管员	学号.06	程云	2021/1/1

6) 仓库信息如表4-5所示。

表4-5 仓库信息

编号	名称	仓库属性
学号.01	原料仓	普通仓库
学号.02	成品仓	普通仓库

7) 银行信息如表4-6所示。

表4-6 银行信息

编号	名称
学号.01	招商银行南山支行
学号.02	招商银行宝安支行

8) 银行账户信息如表4-7所示。

表4-7 银行账户信息

账号	开户行	账户名称	账户收支属性
68888881	招商银行南山支行	人民币户	收支
68888882	招商银行宝安支行	美元户	收支

9) 在默认的财务会计核算体系下,增加核算组织,具体要求如表4-8所示。

表4-8 会计核算体系信息

编码	名称	核算组织	适用政策	下级组织
KJHSTX01_SYS	财务会计核算体系	云端公司_姓名	中国准则会计政策	云端公司_姓名

10) 新增账簿信息如表4-9所示。

表4-9 账簿信息

编码	账簿名称	核算体系	核算组织	账簿类型	启用期间
学号.01	云端公司_姓名	财务会计核算体系	云端公司_姓名	主账簿	2021.01

2. 系统参数

系统参数的设置如表4-10所示。

表4-10 系统参数设置

账簿参数	利润分配科目:4104.04未分配利润
	本年利润科目:4103本年利润
凭证参数	凭证过账前必须审核
	凭证过账前必须出纳复核

3. 账簿初始化

云端公司会计科目及初始余额情况如表4-11、表4-12、表4-13所示。

表4-11 云端公司会计科目及初始余额情况

科目编码	科目名称	核算维度	余额方向	期初余额(原币)
1001	库存现金		借方	38,052.10
1002	银行存款		借方	5,593,795.82
			借方	15,625(美元)
1122	应收账款	迅腾科技	借方	1,000,000.00
		度白科技	借方	3,000,000.00
1403	原材料	智能芯片	借方	600,000.00
		主控系统	借方	150,000.00
		酷炫外壳	借方	160,000.00
1405	库存商品	自动驾驶机器人R型	借方	11,815,000.00
		自动驾驶机器人S型	借方	11,815,000.00
1601	固定资产	房屋建筑	借方	20,000,000.00
		机器设备	借方	18,000,000.00
		电子设备	借方	35,000.00
		其他设备	借方	20,000.00
2202.02	明细应付款	精益电子	贷方	800,000.00
		华南制造	贷方	1,000,000.00
2211	应付职工薪酬		贷方	926,847.92
4001	实收资本		贷方	38,000,000.00
4002	资本公积		贷方	7,600,000.00
4101.01	法定盈余公积		贷方	2,400,000.00
4101.02	任意盈余公积		贷方	1,200,000.00
4104.04	未分配利润		贷方	20,400,000.00

表4-12 云端公司原材料期初数量金额

名称	数量	期初余额(原币)
智能芯片	200	600,000.00
主控系统	300	150,000.00
酷炫外壳	320	160,000.00

表4-13 云端公司库存商品期初数量金额

名称	数量	期初余额(原币)
自动驾驶机器人R型	250	11,815,000.00
自动驾驶机器人S型	272	11,815,000.00

操作指导

1. 设置基础资料

1) 设置物料

以信息管理员身份登录系统。双击安装后生成的桌面快捷图标"金蝶云星空",打开金蝶云星空登录界面,选择数据中心为"云端公司一组",输入系统管理员用户名"信息管理员_张三",默认密码"201801001",单击【登录】按钮,如图4-1所示。

图4-1 金蝶云星空登录界面

登录金蝶云星空系统后,打开功能菜单,执行【基础管理】—【基础资料】—【主数据】—【物料】命令,打开物料新增界面,新增物料"自动驾驶机器人R型"。填写编码为学号"201801001.001",名称为"自动驾驶机器人R型"。在"基本"页签中,选择物料属性为"自制",默认税率为"13%增值税",存货类别为"产成品",如图4-2所示,然后依次单击【保存】【提交】【审核】按钮完成物料新增和审核。

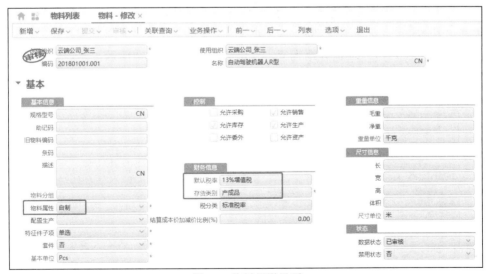

图4-2 物料新增界面

参照上述步骤,根据表4-1的物料信息的实验数据新增其他物料。

2) 设置客户信息

执行【基础管理】—【基础资料】—【主数据】—【客户】命令，进入客户新增界面。根据表4-2中的实验数据，新增客户"迅腾科技"。填写编码为"201801001.001"，名称为"迅腾科技"，在"基本信息"页签中，选择客户类别为"普通销售客户"，在"商务信息"页签中，选择结算币别为"人民币"，默认税率"13%增值税"，如图4-3所示，然后依次单击【保存】【提交】【审核】按钮完成客户的新增与审核。

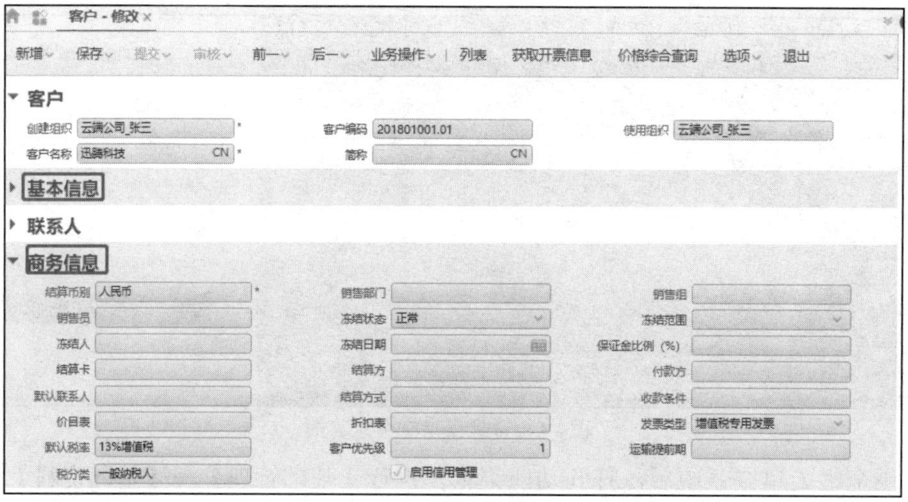

图4-3 客户新增界面

参照上述步骤，根据表4-2的客户信息的实验数据新增其他的客户资料。

3) 设置供应商信息

执行【基础管理】—【基础资料】—【主数据】—【供应商】命令，打开供应商新增界面，新增供应商"精益电子"。填写编码为"201801001.001"，名称为"精益电子"，在"基本信息"页签中，选择供应类别为"采购"；在"财务信息"页签中，选择结算币别为"人民币"，默认税率为"13%增值税"，如图4-4所示，然后依次【保存】【提交】【审核】按钮完成供应商新增与审核。

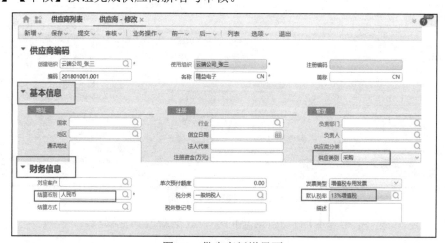

图4-4 供应商新增界面

参照上述步骤，根据表4-3的供应商信息的实验数据新增其他的供应商资料。

4) 设置其他往来单位

执行【基础管理】—【基础资料】—【财务会计】—【其他往来单位】命令，打开其他往来单位新增界面，新增往来单位名称为"证券交易所"，填写编码为"201801001.01"，如图4-5所示，然后依次单击【保存】【提交】【审核】按钮完成其他往来单位的新增与审核。

图4-5 其他往来单位新增界面

参照上述步骤，根据实验数据新增其他往来单位资料。

5) 设置部门信息

执行【基础管理】—【基础资料】—【主数据】—【部门】命令，打开部门新增界面，新增部门"行政部"。填写名称为"行政部"，在"基本信息"页签中，选择生效日期为"2021/1/1"，在"部门属性"页签中，选择部门属性为"管理部门"，如图4-6所示，然后依次单击【保存】【提交】【审核】按钮完成部门信息的新增与审核。

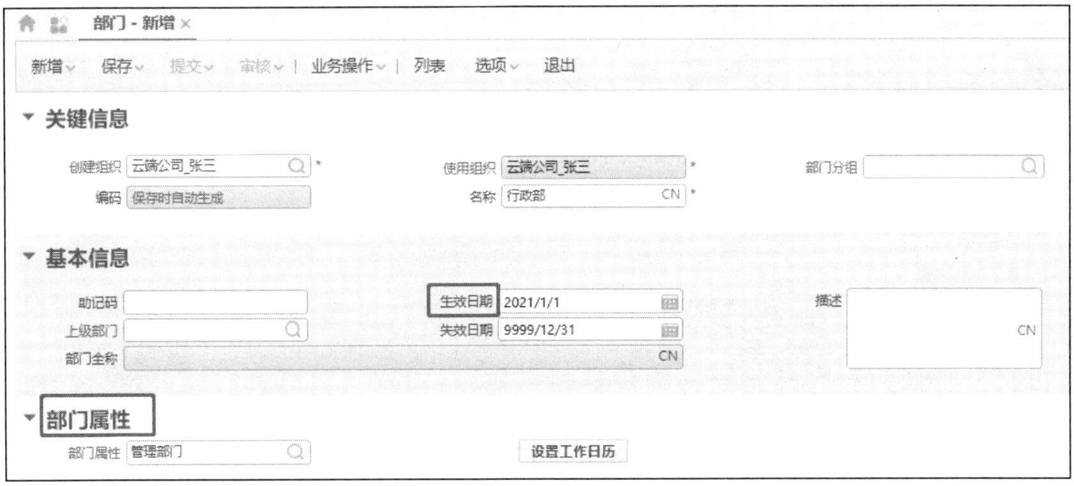

图4-6 部门新增界面

参照上述步骤，根据表4-4的部门信息的实验数据新增其他的部门资料。

6) 设置岗位信息

执行【基础管理】—【基础资料】—【公共信息列表】—【岗位信息】命令，打开岗位信息新增界面，新增岗位"行政经理"。填写名称为"行政经理"，在"基本信息"页签中，选择所属部门为"行政部"，生效日期"2021/1/1"，如图4-7所示，然后依次单击

【保存】【提交】【审核】按钮完成岗位信息的新增与审核。

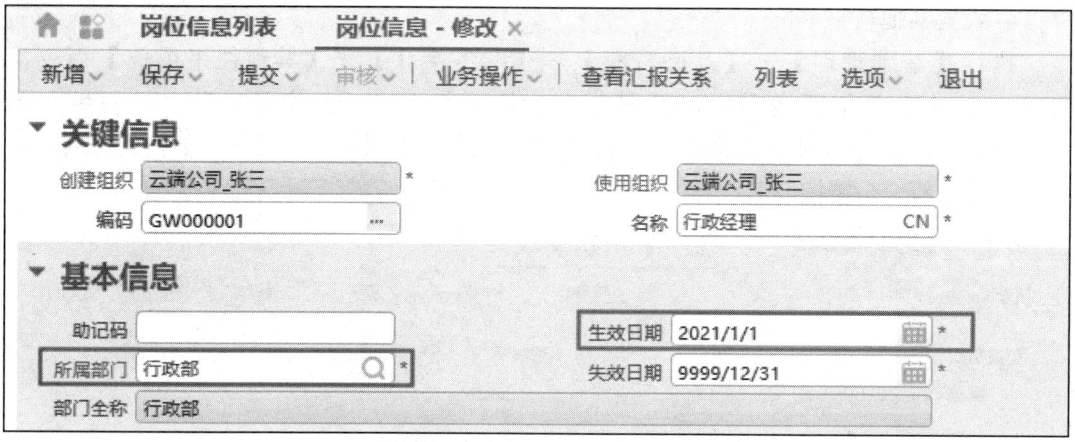

图4-7 岗位信息新增界面

参照上述步骤，根据表4-4的岗位信息的实验数据新增其他的岗位资料。

7) 设置员工信息

执行【基础管理】—【基础资料】—【主数据】—【员工】命令，打开员工新增界面，新增员工"林青"。填写员工姓名为"林青"，员工编号为"201801001.001"，在"员工任岗信息"页签中单击【添加行】按钮并选择就任岗位为"行政经理"，任岗开始日期为"2021/1/1"，如图4-8所示，然后依次单击【保存】【提交】【审核】按钮完成员工信息的新增与审核。

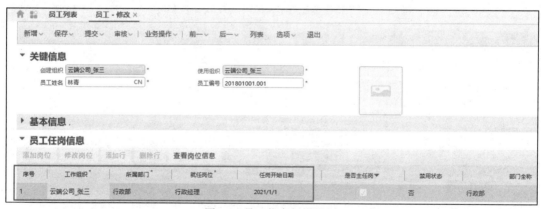

图4-8 员工信息新增界面

参照上述步骤，根据表4-4的员工信息的实验数据新增其他的员工资料。

8) 设置仓库信息

执行【基础管理】—【基础资料】—【供应链】—【仓库列表】命令，打开仓库列表界面，新增仓库"原料仓"。填写仓库名称为"原料仓"，仓库编号为"201801001.001"。在"基本信息"页签中，仓库属性选择"普通仓库"，然后依次单击【保存】【提交】【审核】按钮完成仓库信息的新增与审核，如图4-9所示。

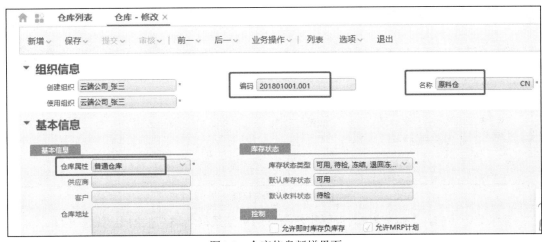

图4-9　仓库信息新增界面

参照上述步骤，根据表4-5的仓库信息的实验数据新增其他的仓库信息。

9) 设置银行信息

执行【基础管理】—【基础资料】—【财务会计】—【银行】命令，打开银行信息新增界面，在"基本"页签中新增银行"招商银行南山支行"。填写银行名称为"招商银行南山支行"，银行编号为"201801001.001"，然后依次单击【保存】【提交】【审核】按钮完成银行信息的新增与审核，如图4-10所示。

图4-10　银行信息新增界面

参照上述步骤，根据表4-6的银行信息的实验数据新增其他的银行信息。

10) 设置银行账户信息

执行【基础管理】—【基础资料】—【财务会计】—【银行账号】命令，打开银行账号新增界面，新增银行账户"招商银行南山支行"。在"基本"页签中填写开户银行名称为"招商银行南山支行"，银行编号为"68888881"。账户名称为"人民币户"，银行收支属性为"收支"，如图4-11所示，然后依次单击【保存】【提交】【审核】按钮完成银行账户信息的新增与审核。

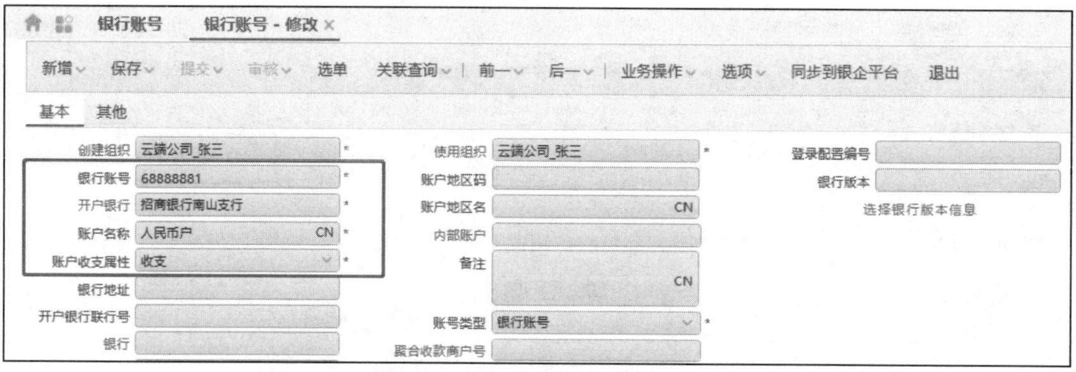

图4-11 银行账户信息新增界面

参照上述步骤,根据表4-7的银行账户信息的实验数据新增其他的银行账户信息。

11) 设置会计核算体系

执行【财务会计】—【总账】—【基础资料】—【会计核算体系】命令,进入会计核算体系列表,双击打开系统已经创建的编码为"KJHSTX01_SYS"的财务会计核算体系(不是新增),进入财务核算体系新增界面,在"核算组织"页签单击【新增行】按钮,核算组织选择"云端公司_张三",适用会计政策为"中国准则会计政策",并在"下级组织"页签单击【新增行】按钮,并选择组织"云端公司_张三",如图4-12所示,然后单击【保存】按钮。

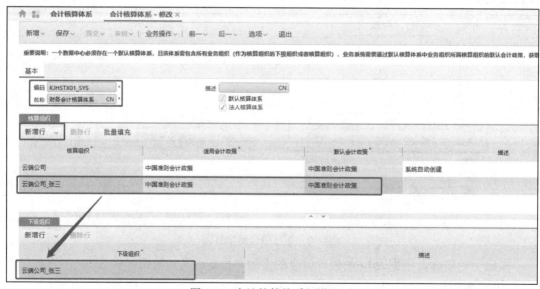

图4-12 会计核算体系新增界面

重要说明:同一个数据中心下,核算体系是全部学生一起使用的,一旦保存就不可修改,请添加的时候不要修改其他同学添加好的核算组织!

核算体系属性的相关说明如表4-14所示。

表4-14 核算体系属性说明

位置	字段	说明
单据头	默认核算体系	选中此选项，定义会计核算体系为默认体系。一个数据中心必须存在一个默认核算体系。该选项的控制体现在：业务系统通过默认核算体系业务组织所属核算组织的默认会计政策，获取币别、汇率等信息；存货类单据的成本金额反写时取默认体系下的成本
	法人核算体系	选中此选项，定义会计核算体系为法人体系。一个数据中心仅有一个法人核算体系。该选项的控制体现在：组织间结算时以此作为判断跨法人交易的依据
核算组织	核算组织	定义会计核算体系的核算组织。系统仅支持查询并选择核算组织类型的组织机构
	适用会计政策	定义核算组织适用的会计政策，允许多选。录入资产卡片后不允许修改适用会计政策
	默认会计政策	在核算组织适用的会计政策中选择一个作为默认会计政策
下级组织	下级组织	定义核算组织的下级组织。需要注意的是，核算组织页签中的一个核算组织对应整个下级组织页签
	投资比例	定义核算组织在下级组织的投资比例。类型为标准时，则投资比例统一为100%；类型为合并时，则可以输入0~100以内的数值。此项目前仅为备注信息，无相关控制作用

12) 设置账簿信息

执行【财务会计】—【总账】—【基础资料】—【账簿】命令，进入账簿界面，增加"云端公司_张三"账簿。单击【新增】按钮，打开账簿新增界面，根据实验数据增加"云端公司_张三"账簿，编码为"201801001.01"，账簿名称为"云端公司_张三"，核算体系为"财务会计核算体系"，核算组织为"云端公司_张三"，账簿类型选择"主账簿"，启用期间为"2021.1"，如图4-13所示，然后依次单击【保存】【提交】【审核】按钮完成账簿信息的新增与审核。

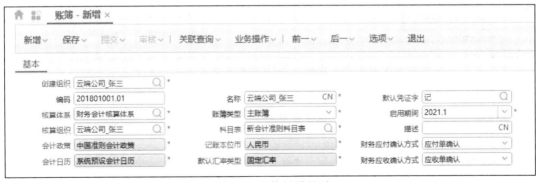

图4-13 账簿新增界面

2. 设置系统参数

执行【财务会计】—【总账】—【参数设置】—【总账管理参数】命令，打开总账管理参数界面，设置云端公司的系统参数，在"账簿参数"页签"基本选项"中利润分配科目选择"未分配利润"，本年利润科目选择"本年利润"。在"凭证参数"页签中，勾选

"凭证过账前必须审核"和"凭证过账前必须出纳复核",其他为默认设置,设置完成后单击【保存】按钮,如图4-14、图4-15所示。

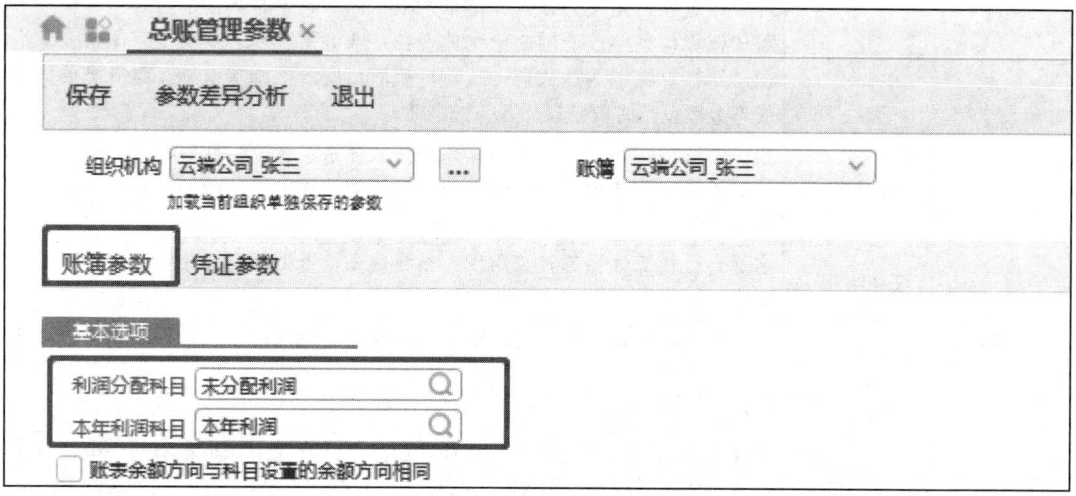

图4-14 账簿参数设置

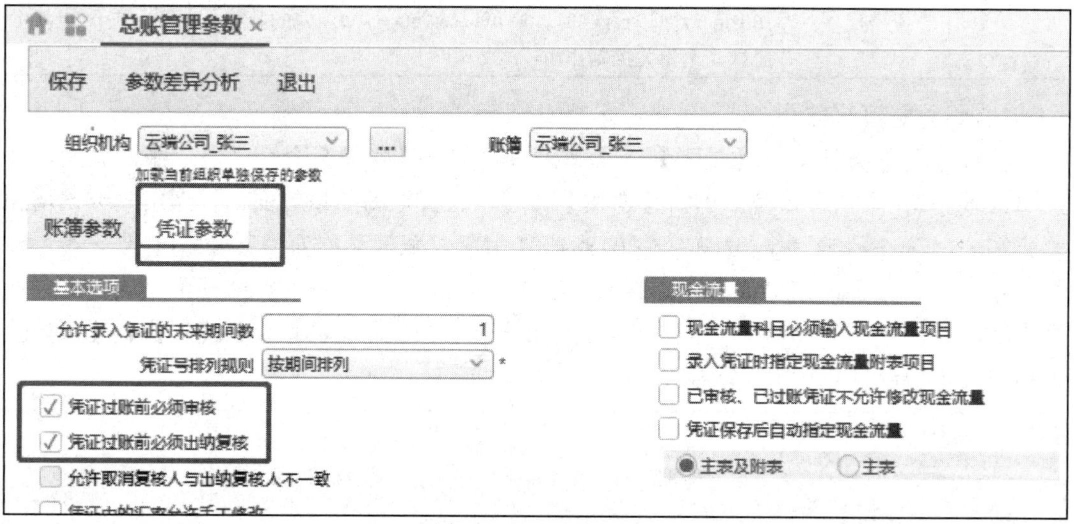

图4-15 凭证参数设置

注意:

总账参数设置的对象是账簿,系统参数的设置是总账的基础,它关系到所有财务的业务流程处理。

3.录入初始数据

执行【财务会计】—【总账】—【初始化】—【科目初始余额录入】命令,打开科目初始余额录入界面,录入"云端公司_张三"账簿的库存现金科目初始余额。选择账簿为"云端公司_张三",选择币别为"人民币",根据公司的实验数据录入人民币初始余额,如图4-16所示,填写完毕后单击【保存】按钮。

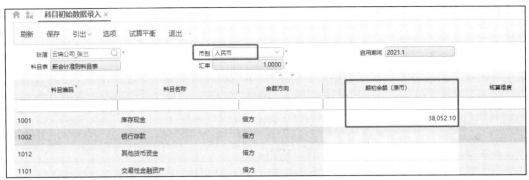

图4-16 云端公司_张三账簿初始余额—人民币

执行【财务会计】—【总账】—【初始化】—【科目初始余额录入】命令,打开科目初始余额录入界面,录入"云端公司_张三"账簿的银行存款科目美元初始余额。选择账簿为"云端公司_张三",选择币别为"美元",根据公司的实验数据录入美元初始余额如图4-17所示,填写完毕后单击【保存】按钮。

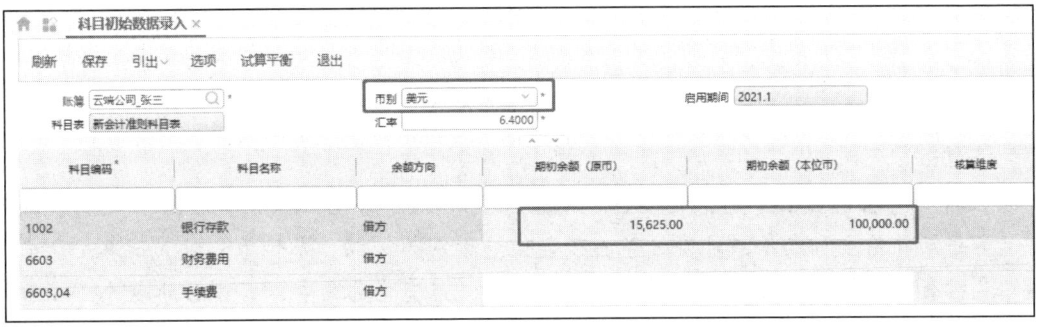

图4-17 云端公司_张三账簿初始余额—美元

执行【财务会计】—【总账】—【初始化】—【科目初始余额录入】命令,打开科目初始余额录入界面,录入"云端公司_张三"账簿的应收账款科目初始余额。选择账簿为"云端公司_张三",选择币别为"人民币",单击应收账款【核算维度】行,在核算维度初始数据录入界面单击【新增行】按钮,核算维度选择"迅腾科技"和"度白科技",并录入对应的初始余额。根据表4-11的实验数据录入初始余额,如图4-18所示,填写完毕后单击【保存】按钮。

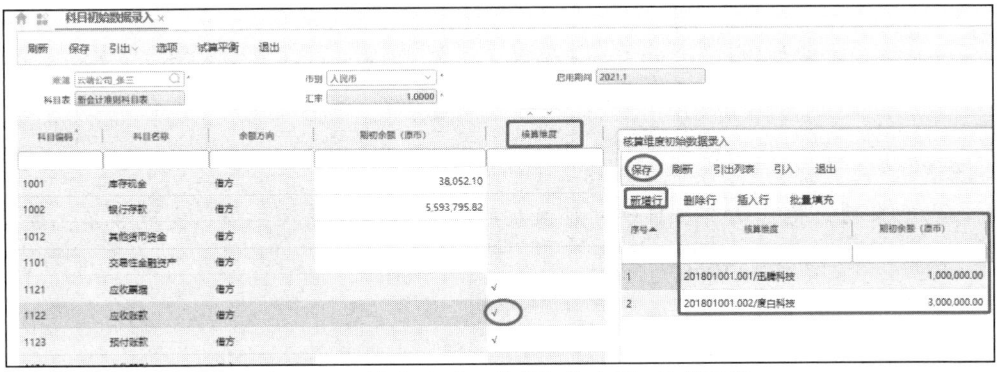

图4-18 云端公司_张三账簿初始余额—核算维度

参考上述步骤，根据表4-11、表4-12、表4-13的实验数据录入其他科目初始余额信息。

所有数据填写完毕后，币别选择"综合本位币"，然后单击【试算平衡】按钮，可查看公司账簿初始余额的试算平衡情况，如图4-19所示。

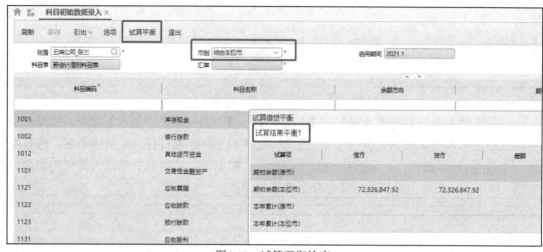

图4-19　试算平衡检查

注意：

试算平衡表中会显示出当前选择币别下所有一级科目的期初余额借方、期初余额贷方、本年累计借方和本年累计贷方等各项数值。币别为"综合本位币"时，试算平衡表显示的是所有币别折合为综合本位币后的试算平衡。只有当账簿在综合本位币状态下试算平衡，系统才允许账簿结束初始化。

4. 结束初始化

执行【财务会计】—【总账】—【初始化】—【总账初始化】命令，打开总账初始化界面，勾选"云端公司_张三"账簿，单击【结束初始化】按钮结束初始化，如图4-20所示。

图4-20　总账初始化

注意：

一旦结束初始化，所有科目的初始数据将不能再修改录入。如果发现初始化数据错误，可以通过反初始化，再进行修改。

第 5 章 出纳管理

5.1 系统概述

出纳管理系统是出纳人员的工作平台，支持企业出纳人员在系统中完成所有相关的货币资金、票据及有价证券的收付、保管、核算等日常工作，并提供出纳管理报表查询。

1. 出纳管理系统主要业务流程

在进行出纳管理系统日常业务之前，需要对基础资料及系统参数进行设置，完成初始化之后，才能进行日常业务处理。

出纳管理日常业务系统流程如图5-1所示。

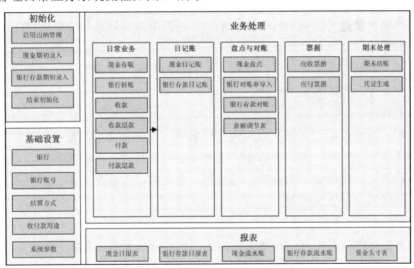

图5-1　出纳管理日常业务系统流程

2. 重点功能概述

出纳管理业务处理主要包括对外收付款、现金存款、银行转账、购汇、票据业务、现金盘点、银行对账等，具体功能如下。

1) 对外收付款

对外收付款主要包括销售业务收款、采购业务付款、其他业务收付款等。

销售业务收款，指对应日常销售业务的收款处理，包括预收款与销售收款。用户可以通过关联对应的应收单进行收款处理，也支持手工新增相应的收款单进行收款处理。

其他业务收款，指除了企业日常销售业务收款之外的其他所有对外收款业务。其他业务收款的对象类型，包括客户、供应商、部门、员工及其他往来单位等。其他业务类型的收款用途，包括罚款收入、利息收入、捐赠收入等，同时支持用户根据企业实际情况自定义其他收款用途。其他业务收款通过其他业务类型的收款单进行处理。用户可以通过关联对应的其他应收单进行收款处理，也支持手工新增相应的收款单进行收款处理。需要注意的是，其他业务收款与销售业务收款都是对外收款业务，均是通过收款单进行处理。但是对于其他业务收款，系统自动根据收款用途的财务处理属性，确定该笔收款是否影响应收账款的余额，是否参与应收系统的应收收款核销。

采购业务付款，指对应日常采购业务的付款处理，包括预付款与采购付款。用户可以通过关联对应的应付单进行付款处理，也支持手工新增相应的付款单进行付款处理。

其他业务付款，指除了企业日常采购业务付款之外的其他所有对外付款业务。其他业务付款的对象类型，包括客户、供应商、部门、员工及其他往来单位等。其他业务类型的付款用途，包括工资发放、费用报销、个人借款、购买发票、银行手续费、罚款支出等，同时支持用户根据企业实际情况自定义其他付款用途。其他业务付款通过其他业务类型的付款单进行处理。用户可以通过关联对应的其他应付单进行付款处理，也支持手工新增相应的付款单进行付款处理。需要注意的是，其他业务付款与采购业务付款都是对外付款业务，均通过付款单进行处理。但是对于其他业务付款，系统自动根据付款用途的财务处理属性，确定该笔付款是否影响应付账款的余额，是否参与应付系统的应付付款核销。

2) 现金存款

现金存款，即通过现金存取单，处理企业日常的存现、取现业务。企业资金在库存现金和银行存款两种形式之间发生互转。

3) 银行转账

银行转账，即通过标准转账类型的银行转账单，处理企业内部银行账号之间的转账业务。当企业发生外币交易业务，且需要使用外币进行支付时，就需要购汇。系统通过购汇类型的银行转账单，处理企业购入外汇的业务。企业的银行存款由本位币存款转为外币存款，是银行转账的一种特殊类型。

4) 票据业务

票据业务包括应收票据和应付票据。应收票据和应付票据包括银行承兑汇票和商业承兑汇票。

系统支持存在票据类结算方式的收款单，引用相应的应收票据进行收款处理，并支持多笔收款业务合并签发一笔应收票据进行结算的应用场景。

系统支持企业进行应收票据的贴现、背书、背书退回、到期收款及退票等后续结算业务处理。应收票据的每一次结算业务处理，均由系统自动产生一张应收票据结算单与之对应，并据此应收票据结算单进行应收票据结算业务的账务处理。

系统支持存在票据类结算方式的付款单，引用相应的应付票据进行付款处理，并支持多笔付款业务合并签发一笔应付票据进行结算的应用场景。

系统支持企业进行应付票据的到期付款及退票等后续结算业务处理。应付票据的每一次结算业务处理，均由系统自动产生一张应付票据结算单与之对应，并据此应付票据结算单进行应付票据结算业务的账务处理。

5) 银行对账

银行对账包括银行对账单、银行存款对账单、余额调整表及银行存款勾兑记录。

银行对账单是企业从银行取得的确认银行收付款记录的依据。企业需要把取得的对账单数据引入系统，以跟企业收付款记录对账。

银行存款对账是将银行存款对账单与企业银行存款收付记录进行勾对，以确认银行和企业双方的未达账。

通过余额调节表功能，用户可查询银行存款某日期某账号、某币别的银行方余额、企业方余额，以及各未达项调整等数据。

5.2 实验练习

本节案例数据以学号为201801001的学生张三为例，进行后续全部实验操作。

出纳管理

实验一　系统初始化

应用场景

在进行日常业务处理前，需要对出纳管理系统进行初始化。初始化包括设置基础资料和系统参数及期初现金和期初银行存款。本案例主要介绍出纳系统初始化设置方法。

实验步骤

- 设置系统启用日期。
- 设置系统参数。
- 录入期初余额。
- 结束初始化。

实验数据

1. 设置系统启用日期

云端公司从2021年1月起开始实施上线金蝶云星空，于2021年1月1日启用出纳管理系统。

2. 设置系统参数

本实验系统默认参数。

3. 录入期初余额

1) 录入现金期初

云端公司在出纳管理系统初始化之前需要对现金期初进行录入，现金期初余额如表5-1所示。

表5-1　现金期初余额

币别	期初余额
人民币	38,052.10元

2) 录入银行存款期初

云端司在出纳管理系统初始化之前需要对银行存款期初进行录入，银行存款期初余额如表5-2所示。

表5-2　银行存款期初余额

银行	银行账号	币别	企业方/银行方期初余额
招商银行南山支行	68888881	人民币	5,593,795.82元
招商银行宝安支行	68888882	美元	15,625.00美元

3) 结束初始化

云端公司在现金期初和银行存款期初全部录入完毕后，即可结束初始化。

> 操作指导

1. 设置系统启用日期

出纳_张三登录系统，执行【财务会计】—【出纳管理】—【初始化】—【启用日期设置】命令，进入出纳管理系统启用日期界面，勾选组织"云端公司_张三"，输入启用日期"2021-1-1"，单击【启用】按钮，如图5-2所示。

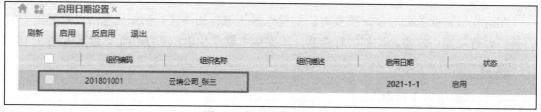

图5-2　启用日期设置界面

2. 设置系统参数

出纳_张三登录系统，执行【财务会计】—【出纳管理】—【参数设置】—【出纳管理参数】命令，进入出纳管理系统参数设置界面，本实验使用系统默认参数，如图5-3所示。

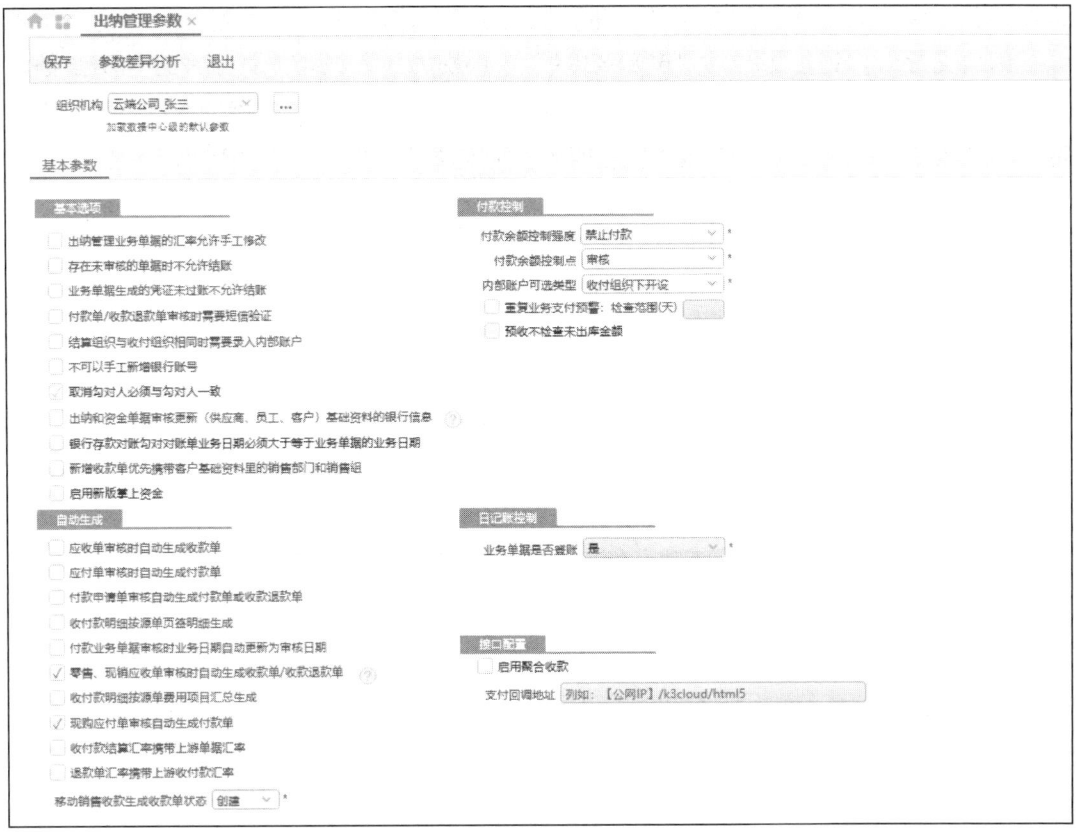

图5-3 出纳管理系统参数设置界面

3. 录入期初余额

1) 录入现金期初

出纳_张三登录系统，执行【财务会计】—【出纳管理】—【初始化】—【现金期初】命令，单击【新增】按钮，进入现金期初新增界面，修改币别为"人民币"，录入期初余额为"￥38,052.1"，信息录入完成后，依次单击【保存】【提交】【审核】按钮，如图5-4所示。

图5-4 现金期初新增界面

2) 录入银行存款期初

出纳_张三登录系统，执行【财务会计】—【出纳管理】—【初始化】—【银行存款期初】命令，单击【新增】按钮，进入银行存款期初新增界面，选择银行为"招商银行南山支行"，银行账号为"68888881"，币别为"人民币"，企业方期初余额为"¥5,593,795.82"，信息录入完成后单击【新增行】按钮，参照上述步骤，新增"招商银行宝安支行"的美元账户的银行存款期初，信息录入完成后，依次单击【保存】【提交】【审核】按钮，如图5-5所示。

图5-5　银行存款期初新增界面

3) 结束初始化

出纳_张三登录系统，执行【财务会计】—【出纳管理】—【初始化】—【出纳管理结束初始化】命令，勾选结算组织为"云端公司_张三"，单击工具栏上的【结束初始化】按钮，如图5-6所示。

图5-6　出纳管理系统结束初始化界面

实验二　日常业务处理

应用场景

出纳管理的日常业务处理主要包括对外收付款、现金存款、银行转账、票据业务、现金盘点等。

实验步骤

- 现金存取。
- 银行转账。
- 收款业务。
- 付款业务。
- 收款退款。
- 票据结算。

实验操作部门及人员

出纳_张三负责日常业务操作。

实验数据

1. 现金存取

1月22日，从招商银行南山支行提现5,000元备用金用于日常经营，根据表5-3的信息填写现金存取单。

表5-3 现金存取信息

单据类型	业务日期	开户银行	银行账号	账户名称	金额	摘要
取款	2021/1/22	招商银行南山支行	68888881	人民币户	5,000.00元	备用金

2. 银行转账

1月23日，将美元户68888882中的5,000美元通过购汇方式转账到人民币户68888881中，转入人民币32,000元，摘要为"转出美元"，根据表5-4的信息填写银行转账单。

表5-4 银行转账信息

单据类型	业务日期	转入银行及账号	转出银行及账号	转入币别	转入金额	转出币别	转出金额	摘要
购汇	2021/1/23	招商银行南山支行 68888881	招商银行宝安支行 68888882	人民币	32,000.00元	美元	5,000.00美元	转出美元

3. 收款业务

1月2日，与招商银行签订借款合同，借入资金1,000,000元，当日收到银行进账单，款项已划入企业银行存款人民币户。

1月3日，收到客户迅腾科技包装物押金10,000元，根据银行回单填写收款单的结算方式为网银支付。

1月6日，销售一批自动驾驶机器人S型给度白科技，度白科技预付定金200,000元。

根据表5-5的信息填写收款单。

表5-5 收款单信息

序号	业务日期	单据类型	往来/付款单位类型	往来/付款单位	结算方式	收款用途	应收金额(元)	备注
1	2021/1/2	其他业务收款单	银行	招商银行南山支行	网银支付	信贷收款	1,000,000.00	信贷收款
2	2021/1/3	其他业务收款单	客户	迅腾科技	网银支付	代收款项	10,000.00	包装物押金
3	2021/1/6	销售收款单	客户	度白科技	网银支付	预收款	200,000.00	预收款

4. 付款业务

1) 付款申请单

1月3日，向华南制造预订酷炫外壳一批，申请支付定金1,000元。

根据表5-6的信息填写付款申请单。

表5-6　付款申请单信息

序号	申请日期	单据类型	往来/收款单位类型	往来/收款单位	费用项目
1	2021/1/3	采购付款申请	供应商	华南制造	材料成本
结算方式	付款用途	到期日	期望付款日期	申请付款金额	备注
网银支付	预付款	2021/1/31	2021/1/6	1,000元	申请支付定金

2) 付款单

本月发生以下4笔付款业务，根据表5-7的信息下推/新增付款单。

1月3日，向华南制造预订酷炫外壳一批，申请支付定金1,000元，付款申请单已通过审核；1月6日，支付定金1,000元，由付款申请单下推生成付款单。

1月3日，购入股票100万股作为交易性金融投资，每股4.24元，税金及手续费忽略不计，使用网银支付，新增付款单。

1月10日，用银行存款支付上月职工薪酬926,847.92元，新增付款单。

1月20日，销售部举办市场活动，支付市场活动费100,000元，新增付款单。

表5-7　付款单信息

编号	业务日期	单据类型	往来/收款单位类型	往来/收款单位	结算方式	付款用途	应付金额(元)	备注
1	2021/1/6	采购业务付款单	供应商	华南制造	网银支付	预付款	1,000.00	采购定金
2	2021/1/3	其他业务付款单	其他往来单位	证券交易所	网银支付	投资付款	4,240,000.00	交易性金融投资
3	2021/1/10	工资发放付款单	组织机构	云端公司_姓名	网银支付	工资发放	926,847.92	支付上月职工薪酬
4	2021/1/20	费用报销付款单	部门	销售部	网银支付	费用报销	100,000.00	支付市场活动费

5. 收款退款

1月25日，迅腾科技退还所有包装物，无一损坏；云端公司按照合同约定退还迅腾科技包装物押金10000元，使用网银支付。

收款退款信息如表5-8所示。

表5-8　收款退款信息

编号	业务日期	单据类型	往来/收款单位类型	往来/收款单位	结算方式	付款用途	应退金额(元)	备注
1	2021/1/25	其他业务退款单	客户	迅腾科技	网银支付	其他收入	10,000.00	退还押金

6. 票据结算

1月31日，收到度白科技货款36,000元，将应收票据计入度白科技应收款的收款。在完成收款后，当天将应收票据向银行贴现，票面利率4%，贴现率8.86%，获得银行存款。月末进行应收收款核销。

具体信息如表5-9、表5-10所示。

表5-9 应收票据信息

票据类型	币别	票据号	签发日期	到期日
银行承兑汇票	人民币	202101010	2021/1/30	2021/3/31
票面金额	票面利率	出票人	承兑人	承兑日期
36,000元	4%	度白科技	招商银行南山支行	2021/3/31
收款组织	结算组织	往来单位类型	往来单位	收票日
云端公司	云端公司_姓名	客户	度白科技	2021/1/31

收款单：业务日期：2021/1/31

表5-10 贴现信息

贴现日期	收款银行账号	收款银行	贴现率
2021/1/31	68888881	招商银行南山支行	8.86%

操作指导

1. 现金存取单

出纳_张三登录系统，打开功能菜单，执行【财务会计】—【出纳管理】—【日常处理】—【现金存取单】命令，单击【新增】按钮，选择单据类型为"取款"，业务日期为"2021/1/22"，开户银行为"招商银行南山支行"，银行账号为"68888881"，账户名称为"人民币户"，金额为"￥5,000"，摘要为"备用金"。信息录入完成后，依次单击【保存】【提交】【审核】按钮，如图5-7所示。

图5-7 现金存取单新增并审核界面

2. 银行转账

出纳_张三登录系统，打开功能菜单，执行【财务会计】—【出纳管理】—【日常处理】—【银行转账单】命令，单击【新增】按钮，选择单据类型为"购汇"，业务日期为"2021/1/23"，转入银行为"招商银行南山支行"，转入账号为"68888881"，转出银行为"招商银行宝安支行"，转出账号为"68888882"。转入币别为"人民币"，转入金额为"¥32,000",转出币别为"美元",转出金额为"$5,000",摘要为"转出美元",信息录入完成后,依次单击【保存】【提交】【审核】按钮,如图5-8所示。

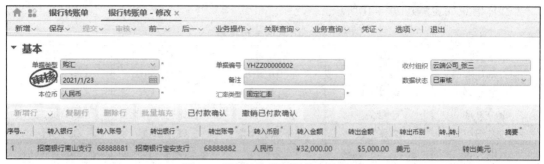

图5-8 银行转账单新增并审核界面

3. 收款业务

出纳_张三登录系统,打开功能菜单,执行【财务会计】—【出纳管理】—【日常处理】—【收款单】命令,单击【新增】按钮,选择单据类型为"其他业务收款单",业务日期为"2021/1/2",往来单位类型为"银行",往来单位为"招商银行南山支行",付款单位类型为"银行",付款单位为"招商银行南山支行",结算方式为"网银支付",收款用途为"信贷收款",应收金额为"¥1,000,000",我方银行账号为"68888881",备注为"信贷收款"。信息录入完成后,依次单击【保存】【提交】【审核】按钮,如图5-9所示。

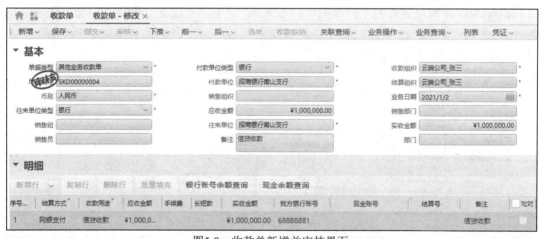

图5-9 收款单新增并审核界面

根据上述步骤,完成包装物押金、销售预收款两笔收款单的新增及审核,审核完成后的收款单如图5-10、图5-11所示。

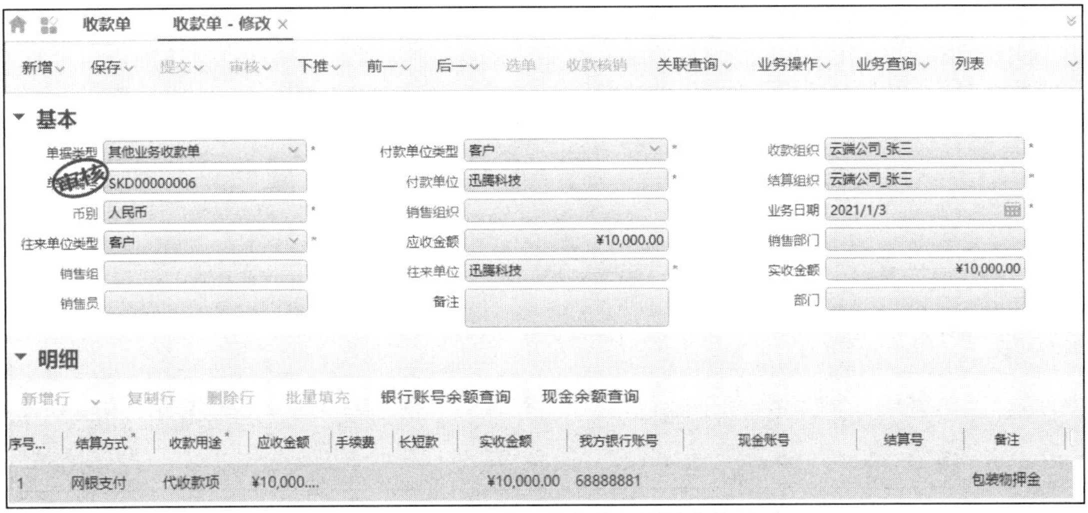

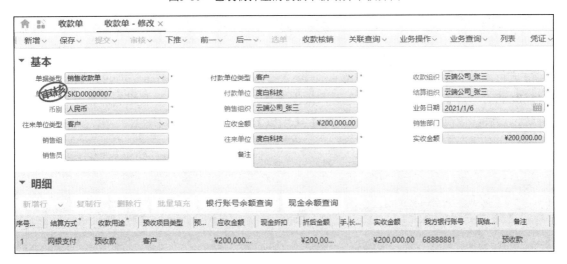

图5-10 包装物押金的收款单新增并审核界面

图5-11 销售预收款的收款单新增并审核界面

4. 付款业务

1) 付款申请单

出纳_张三登录系统，打开功能菜单，执行【财务会计】—【出纳管理】—【日常处理】—【付款申请单】命令，单击【新增】按钮，选择单据类型为"采购付款申请"，业务日期为"2021/1/3"，往来单位类型为"供应商"，往来单位为"华南制造"，收款单位类型为"供应商"，收款单位为"华南制造"，费用项目为"材料成本"，结算方式为"网银支付"，付款用途为"预付款"，到期日为"2021/1/31"，期望付款日期为"2021/1/6"，申请付款金额为"¥1,000"，备注为"申请支付定金"。信息录入完成后，依次单击【保存】【提交】【审核】按钮，如图5-12所示。

图5-12 付款申请单新增并审核界面

2) 付款单

出纳_张三登录系统,打开功能菜单,执行【财务会计】—【出纳管理】—【日常处理】—【付款申请单】命令,选中刚才审核通过的付款申请单,单击【下推】按钮,下推生成付款单,进入付款单新增界面。修改业务日期为"2021/1/6",我方银行账号为"68888881",备注为"采购定金",根据表5-7的信息核对付款单其他信息是否一致。确认无误后,依次单击【保存】【提交】【审核】按钮,如图5-13所示。

图5-13 付款申请单下推生成付款单

出纳_张三登录系统,打开功能菜单,执行【财务会计】—【出纳管理】—【日常处理】—【付款单】命令,单击【新增】按钮,进入付款单新增界面。根据表5-7完善付款单信息,修改单据类型为"其他业务付款单",业务日期为"2021/1/3",往来单位类型为"其他往来单位",往来单位为"证券交易所",收款单位类型为"其他往来单位",收款单位为"证券交易所",结算方式为"网银支付",付款用途为"投资付款",应付金额为"¥4,240,000",我方银行账号为"68888881",备注为"交易性金融投资"。信息录入完成后,依次单击【保存】【提交】【审核】按钮,如图5-14所示。

图5-14 其他付款单新增并审核界面

根据上述步骤，完成工资发放付款单、费用报销付款单两笔付款单的新增及审核，审核完成后付款单如图5-15、图5-16所示。

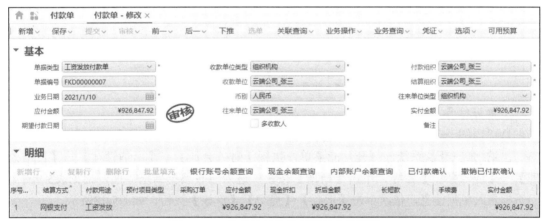

图5-15 工资发放付款单新增并审核界面

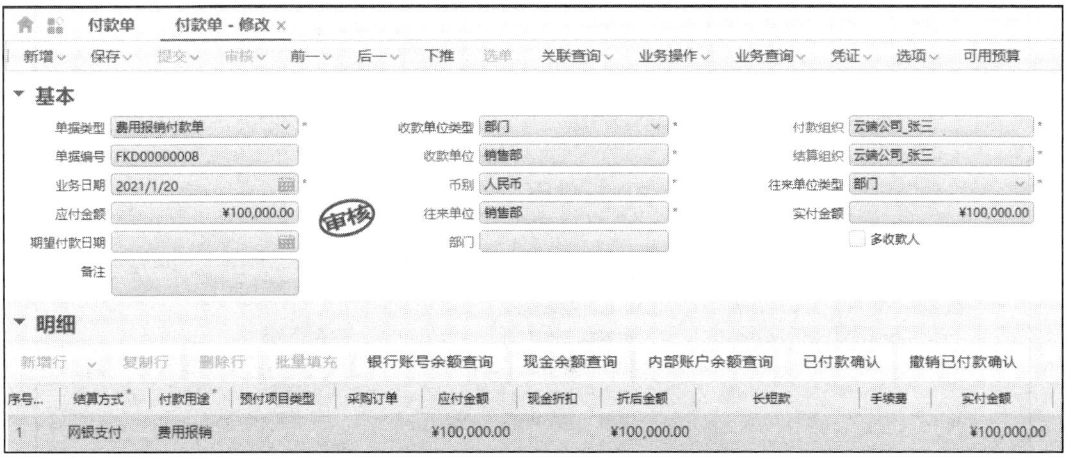

图5-16 费用报销付款单新增并审核界面

5. 收款退款

出纳_张三登录系统,打开功能菜单,执行【财务会计】—【出纳管理】—【日常处理】—【收款退款单】命令,单击【新增】按钮,进入收款退款单新增界面。切换单据类型为"其他业务退款单",单击【选单】按钮,选择备注为"包装物押金"的其他业务收款单,单击【返回数据】按钮,修改业务日期为"2021/1/25",备注为"退还押金",根据表5-8核对其他信息是否一致。确认无误后,依次单击【保存】【提交】【审核】按钮,如图5-17所示。

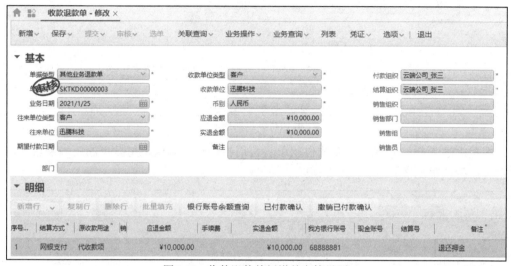

图5-17　收款退款单新增并审核界面

6. 票据结算

1)"出纳_张三"新增应收票据

出纳_张三登录系统,打开功能菜单,执行【财务会计】—【出纳管理】—【日常处理】—【应收票据】命令,单击【新增】按钮,进入应收票据新增界面,根据表5-9的实验数据录入单据信息,依次单击【保存】【提交】【审核】按钮,如图5-18所示。

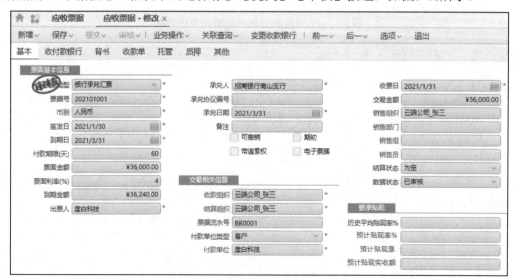

图5-18　应收票据新增并审核界面

2)"出纳_张三"完成收款单

在审核应收票据后,系统会自动生成收款单,修改业务日期为"2021/1/31",确认信息无误后,依次单击【保存】【提交】【审核】按钮,如图5-19所示。

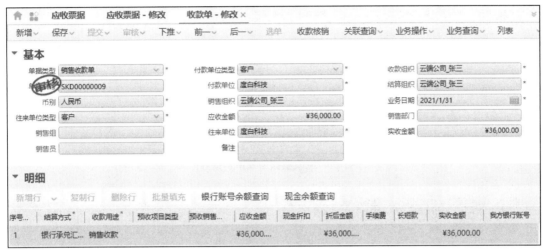

图5-19 收款单修改并审核界面

3)"出纳_张三"完成应收票据的贴现

出纳_张三登录系统,打开功能菜单,执行【财务会计】—【出纳管理】—【日常处理】—【应收票据】命令,进入应收票据界面。勾选本案例新增的应收票据,选择【结算操作】—【贴现】,进入贴现界面。根据表5-10的实验数据录入贴现信息,贴现日期为"2021/1/31",收款银行为"招商银行南山支行",收款账号为"68888881",贴现率为"8.86%",如图5-20所示;信息录入完成后,单击【确定】按钮。

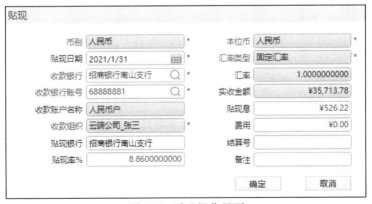

图5-20 贴现操作界面

贴现完成后,执行【财务会计】—【出纳管理】—【日常处理】—【应收票据结算单】命令,进入应收票据结算单界面,可以查到应收票据处理情况,如图5-21所示。

图5-21 应收票据结算单查询界面

实验三 财务处理

应用场景

企业的经营活动需要以凭证的形式记录在总账里。本系统已经预设各种单据的凭证模板，用户可以通过智能记账平台自动生成凭证，有效提高账务处理工作的质量和效率。其中，用户选择要生成凭证的账簿和期间，可生成特定凭证。系统支持按单据同时生成业务凭证和总账凭证，清晰展现单据生成凭证的情况；支持凭证与业务单据的联查，做到财务分析可追溯。本系统与总账模块紧密集成，出纳管理系统处理生成的总账凭证可在总账系统进行凭证管理。

实验步骤

□ 生成凭证。
□ 查询凭证。

实验数据

月末，会计对云端公司当期发生的日常业务处理进行凭证生成处理。

操作指导

1. 生成凭证

会计_张三登录系统，执行【出纳管理】—【账务处理】—【凭证生成】命令，进入凭证生成界面。选择"账簿"为"云端公司_张三"，在"选择单据"页签中，"来源单据"勾选"现金存取单""收款单""付款单""银行转账单""收款退款单""应收票据结算单"，如图5-22所示；单击【凭证生成】按钮后，系统会自动生成"凭证生成报告列表"。

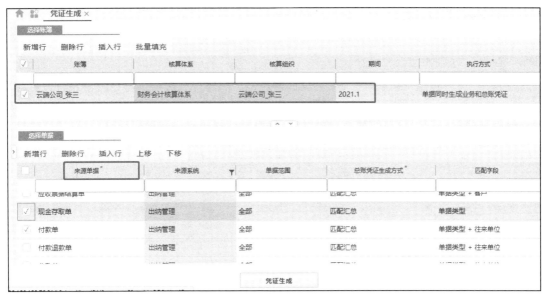

图5-22 凭证生成界面

2. 查询凭证

凭证生成后，会计_张三执行【财务会计】—【出纳管理】—【账务处理】—【业务凭证查询】或【总账凭证查询】命令，可对业务凭证和总账凭证进行查询，如图5-23、图5-24所示。

编码	账簿	日期	凭证字	对应总账凭证号	借方总金额	贷方总金额	来源单据	来源单据号	
BizVch100123	云端公司_张三	2021/1/23	记	1	¥32,000.00	¥32,000.00	银行转账单	YHZZ00000002	否
BizVch100124	云端公司_张三	2021/1/31	记	2	¥36,000.00	¥36,000.00	应收票据结算单	BRJS0003	否
BizVch100125	云端公司_张三	2021/1/22	记	3	¥5,000.00	¥5,000.00	现金存取单	XJCQ00000002	否
BizVch100126	云端公司_张三	2021/1/3	记	4	¥4,240,000.00	¥4,240,000.00	付款单	FKD00000006	否
BizVch100127	云端公司_张三	2021/1/6	记	5	¥1,000.00	¥1,000.00	付款单	FKD00000009	否
BizVch100128	云端公司_张三	2021/1/10	记	6	¥926,847.92	¥926,847.92	付款单	FKD00000007	否
BizVch100129	云端公司_张三	2021/1/20	记	7	¥100,000.00	¥100,000.00	付款单	FKD00000008	否
BizVch100130	云端公司_张三	2021/1/2	记	8	¥1,000,000.00	¥1,000,000.00	收款单	SKD00000004	否
BizVch100131	云端公司_张三	2021/1/3	记	9	¥10,000.00	¥10,000.00	收款单	SKD00000006	否
BizVch100132	云端公司_张三	2021/1/6	记	10	¥200,000.00	¥200,000.00	收款单	SKD00000007	否
BizVch100133	云端公司_张三	2021/1/31	记	11	¥36,000.00	¥36,000.00	收款单	SKD00000009	否
BizVch100277	云端公司_张三	2021/1/25	记	12	¥10,000.00	¥10,000.00	收款退款单	SKTKD00000002	否

图5-23 业务凭证查询界面

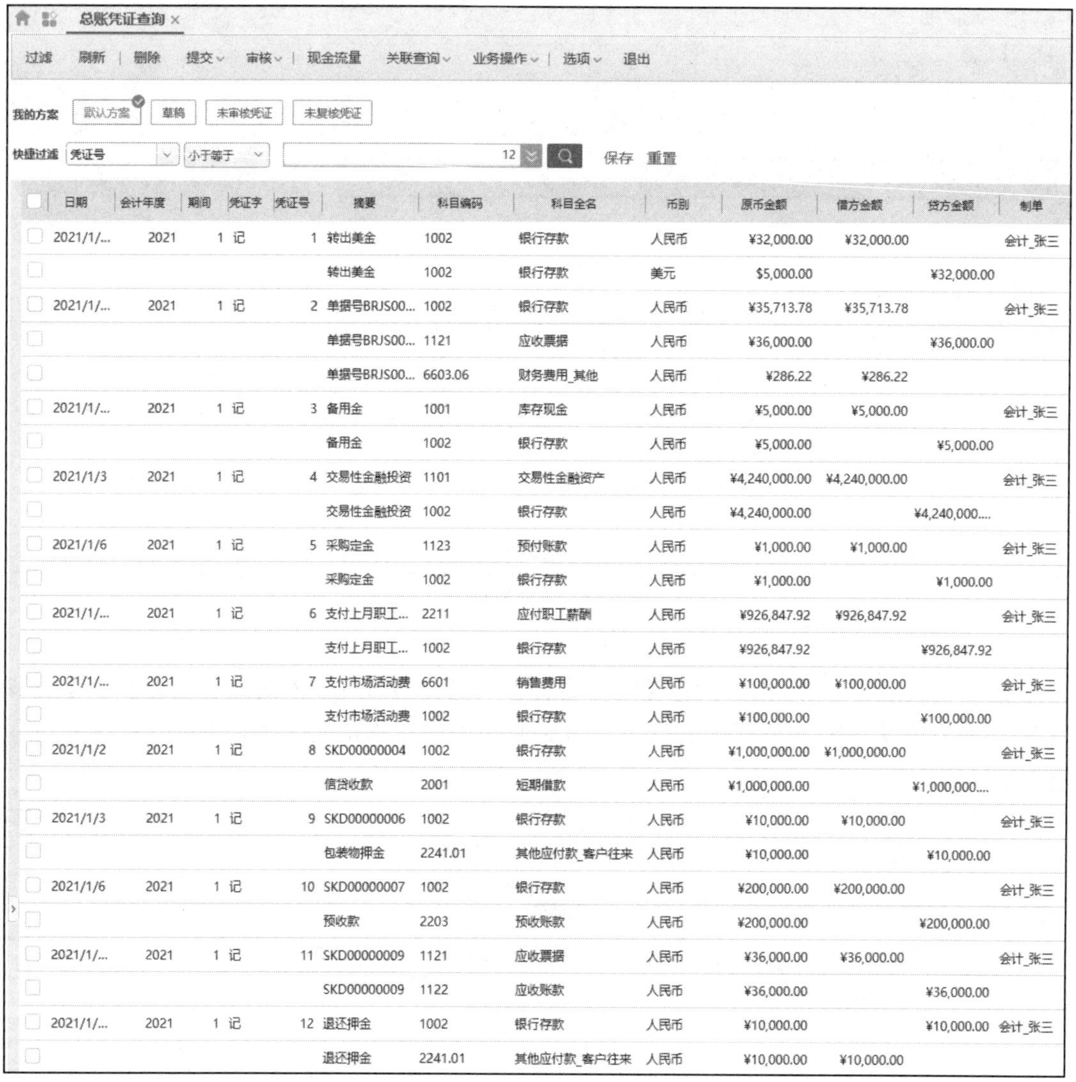

图5-24 总账凭证查询界面

实验四 报表查询

应用场景

出纳管理模块主要提供如下报表，包括日记账、日报表、流水账、资金头寸表等。

操作指导

1. 日记账

1) 现金日记账

会计_张三登录系统，执行【财务会计】—【出纳管理】—【日记账】—【现金日记账】命令，现金日记账过滤条件的账簿选择"云端公司_张三"，查询起始日期为

“2021/1/1”，结束日期为“2021/1/31”，进入现金日记账界面，可查询到现金在某时间范围内各币别的凭证字号、借方金额、贷方金额、余额、单据编号、业务日期等项目的数据，如图5-25所示。

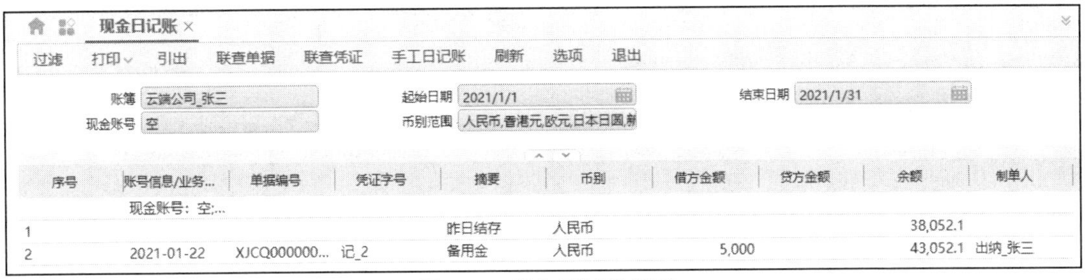

序号	账号信息/业务...	单据编号	凭证字号	摘要	币别	借方金额	贷方金额	余额	制单人
	现金账号：空;...								
1				昨日结存	人民币			38,052.1	
2	2021-01-22	XJCQ000000...	记_2	备用金	人民币	5,000		43,052.1	出纳_张三

图5-25　现金日记账界面

2) 银行存款日记账

会计_张三登录系统，执行【财务会计】—【出纳管理】—【日记账】—【银行存款日记账】命令，银行存款日记账过滤条件的账簿选择“云端公司_张三”，查询起始日期为“2021/1/1”，结束日期为“2021/1/31”，银行账号为“68888881”“68888882”，进入银行存款日记账界面，可查询到银行存款在某时间范围内各账号、各币别的凭证字号、借方金额、贷方金额、余额、单据编号、业务日期等项目的数据，如图5-26所示。

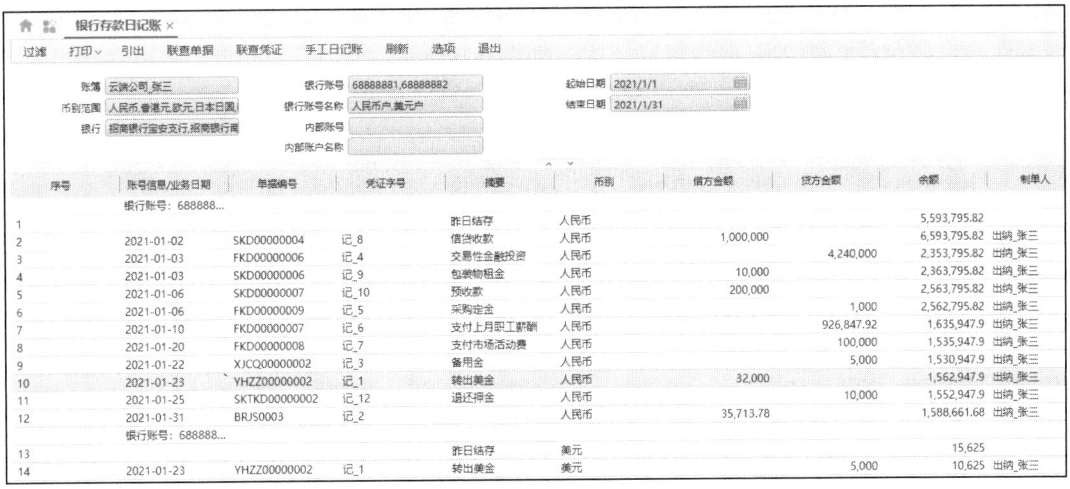

序号	账号信息/业务日期	单据编号	凭证字号	摘要	币别	借方金额	贷方金额	余额	制单人
	银行账号：688888...								
1				昨日结存	人民币			5,593,795.82	
2	2021-01-02	SKD00000004	记_8	信贷收款	人民币	1,000,000		6,593,795.82	出纳_张三
3	2021-01-03	FKD00000006	记_4	交易性金融投资	人民币		4,240,000	2,353,795.82	出纳_张三
4	2021-01-03	SKD00000006	记_9	包装物租金	人民币	10,000		2,363,795.82	出纳_张三
5	2021-01-06	SKD00000007	记_10	预收款	人民币	200,000		2,563,795.82	出纳_张三
6	2021-01-06	FKD00000009	记_5	采购定金	人民币		1,000	2,562,795.82	出纳_张三
7	2021-01-10	FKD00000007	记_6	支付上月职工薪酬	人民币		926,847.92	1,635,947.9	出纳_张三
8	2021-01-20	FKD00000008	记_7	支付市场活动费	人民币		100,000	1,535,947.9	出纳_张三
9	2021-01-22	XJCQ00000002	记_3	备用金	人民币		5,000	1,530,947.9	出纳_张三
10	2021-01-23	YHZZ00000002	记_1	转出美金	人民币	32,000		1,562,947.9	出纳_张三
11	2021-01-25	SKTKD00000002	记_12	退还押金	人民币		10,000	1,552,947.9	出纳_张三
12	2021-01-31	BRJS0003	记_2		人民币	35,713.78		1,588,661.68	出纳_张三
	银行账号：688888...								
13				昨日结存	美元			15,625	
14	2021-01-23	YHZZ00000002	记_1	转出美金	美元		5,000	10,625	出纳_张三

图5-26　银行存款日记账界面

2. 日报表

1) 现金日报表

会计_张三登录系统，执行【财务会计】—【出纳管理】—【报表】—【现金日报表】命令，现金日报表过滤条件的收付组织选择“云端公司_张三”，查询起始日期为“2021/1/1”，结束日期为“2021/1/31”，进入现金日报表界面，可查询各币别现金的昨日余额、今日收入、今日支出、今日余额、收入笔数、支出笔数等项目的数据，如图5-27所示。

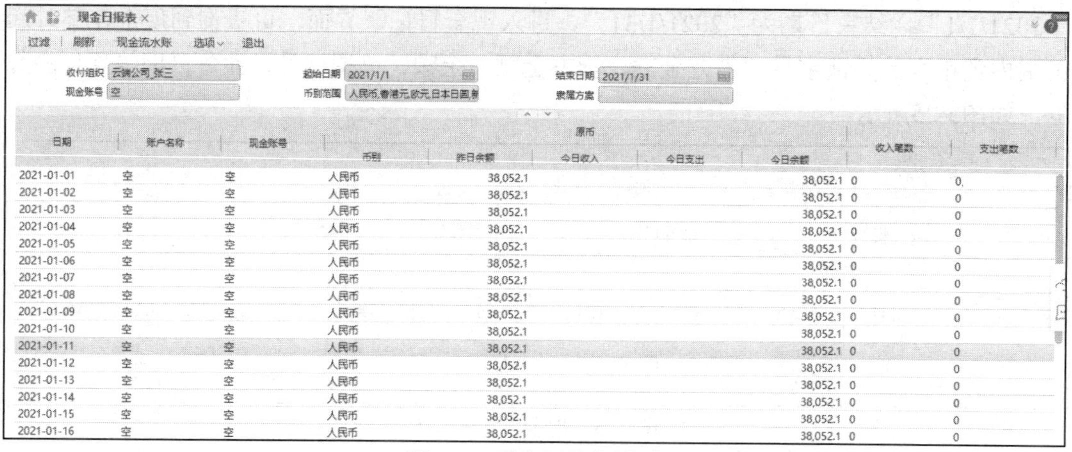

图5-27 现金日报表界面

2) 银行存款日报表

会计_张三登录系统，执行【财务会计】—【出纳管理】—【报表】—【银行存款日报表】命令，银行存款日报表过滤条件的收付组织选择"云端公司_张三"，查询起始日期为"2021/1/1"，结束日期为"2021/1/31"，银行账号为"68888881""68888882"，进入银行存款日报表界面，可查询各银行、各账号、各币别的昨日余额、今日收入、今日支出、今日余额、收入笔数、支出笔数等项目的数据。同时，该报表还可以查询结算组织内部账户、收付组织内部账户的每日情况，如图5-28所示。

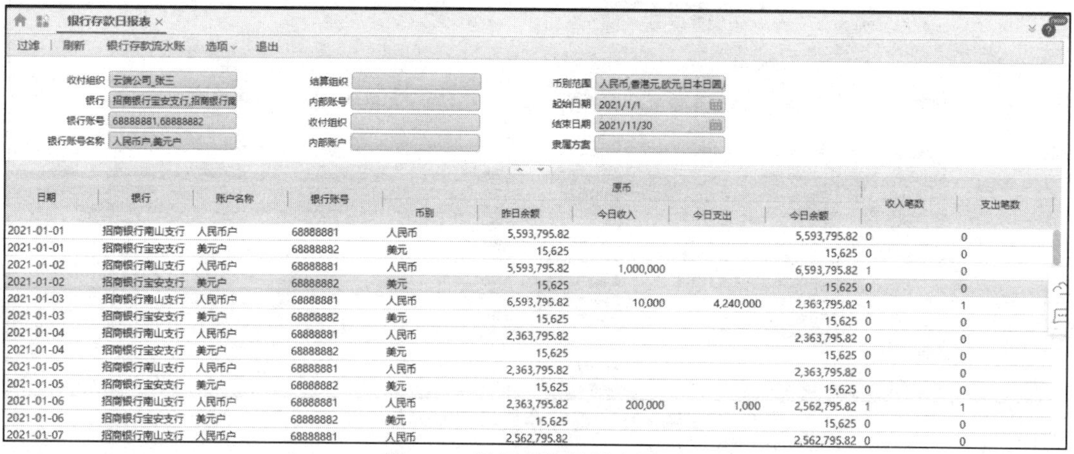

图5-28 银行存款日报表界面

3. 流水账

1) 现金流水账

会计_张三登录系统，执行【财务会计】—【出纳管理】—【报表】—【现金流水账】命令，现金流水账过滤条件的收付组织选择"云端公司_张三"，查询起始日期为"2021/1/1"，结束日期为"2021/1/31"，进入现金流水账界面，可查询现金在某时间范围内各币别的收入金额、支出金额、余额、单据编号、业务日期等项目的数据，如图5-29所示。

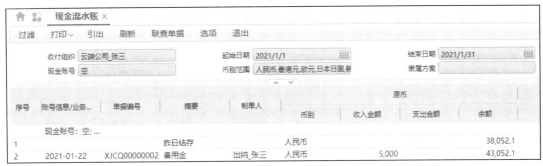

图5-29 现金流水账界面

2) 银行存款流水账

会计_张三登录系统，执行【财务会计】—【出纳管理】—【报表】—【银行存款流水账】命令，银行存款流水账过滤条件的收付组织选择"云端公司_张三"，查询起始日期为"2021/1/1"，结束日期为"2021/1/31"，银行账号为"68888881""68888882"，进入银行存款流水账界面，可查询银行存款在某时间范围内各账号、各币别的收入金额、支出金额、余额、单据编号、业务日期等项目的数据，如图5-30所示。

图5-30 银行存款流水账界面

4. 资金寸头表

会计_张三登录系统，执行【财务会计】—【出纳管理】—【报表】—【资金寸头表】命令，资金寸头表过滤条件的收付组织选择"云端公司_张三"，查询起始日期为"2021/1/1"，结束日期为"2021/1/31"，进入资金寸头表界面，可查询现金及银行存款在某时间范围内各账号、各币别的期初余额、本期收入、本期支出、本期余额等项目的数据，如图5-31所示。

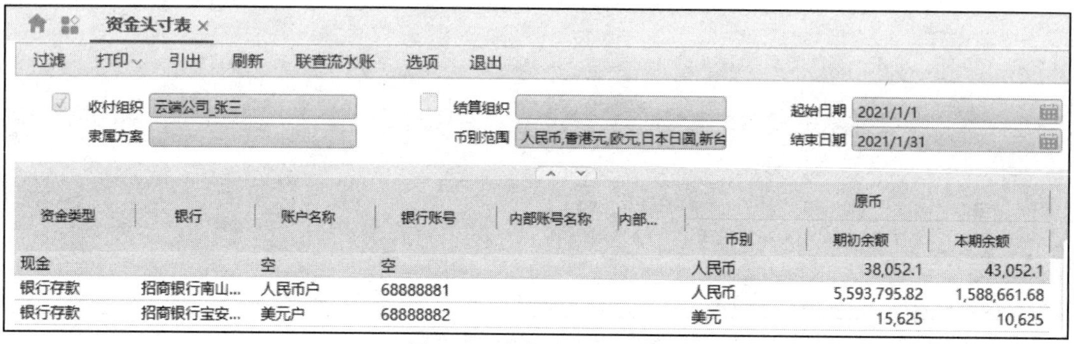
资金头寸表
过滤
打印
引出
刷新
联查流水账
选项
退出
收付组织
云端公司_张三
结算组织
起始日期
2021/1/1
隶属方案
币别范围
人民币,香港元,欧元,日本日圆,新台
结束日期
2021/1/31
资金类型
银行
账户名称
银行账号
内部账号名称
内部...
原币
币别
期初余额
本期余额
现金
空
空
人民币
38,052.1
43,052.1
银行存款
招商银行南山...
人民币户
68888881
人民币
5,593,795.82
1,588,661.68
银行存款
招商银行宝安...
美元户
68888882
美元
15,625
10,625

图5-31　资金寸头表界面

第 6 章 应收款管理

6.1 系统概述

应收款管理系统的任务是通过应收单、其他应收单、收款单等单据的录入，对企业的往来账款进行综合管理，及时、准确地提供客户的往来账款增减变动及余额清空，使会计人员和企业管理人员能及时掌握企业资金流动状况和贷款收回情况，对过期未收回的款项进行及时有效的催款和清理，从而加强对销售过程的控制和管理，加速资金周转，最大限度地减少坏账损失，提高企业的经济效益。应收账管理系统还提供各种分析报表，如应收款账龄分析表、到期债权表、往来对账明细表、应收单跟踪表、应收款汇总表、应收款明细表等。应收款管理系统既可以独立运行，也可以与总账系统、出纳管理系统、供应链系统等其他系统结合使用，提供完整的业务处理和财务管理信息。

1. 应收款系统主要业务流程

应收业务的处理通常处于完整的销售业务的末端，包括财务登记应收款、出纳收款、核销往来账、凭证制作等环节。

财务一般根据发票或其他应收单，登记应收账。如果应收款管理系统独立使用，则可直接在应收款管理系统中输入发票及其他应收单。如果同时启用了供应链系统，则直接在供应链系统输入发票信息，保存后自动传递到应收款管理系统，往来账会计只需添加相关的往来信息。同时，应收凭证也由供应链系统制作完成后传递到应收系统。

图6-1展示了金蝶云星空应收款管理系统中的主要业务流程。

2. 重点功能概述

应收款管理系统主要处理的业务包括销售应收、其他应收、应收开票、到期收款等，具体功能如下。

1) 通过应收单管理销售应收业务

各个企业确定销售应收款项的环节不一样，有的企业发货后确认，有的企业根据订单确认。为了满足不同企业的应用方式，本系统中应收单是企业对销售应收进行管理的唯一单据，销售业务是否开票、是否收款及账龄分析等都以应收单为依据。

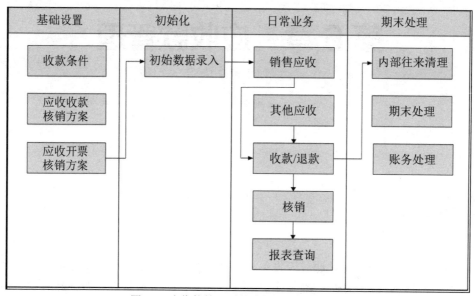

图6-1 应收款管理系统中的主要业务流程

2) 通过其他应收单管理其他应收业务

除了产品销售，企业还会有很多原因产生的应收款项，例如对客户、供应商的罚款等。本系统通过其他应收单来确认除销售业务外产生的应收款项。该部分应收款项确认是通过其他应收单来实现的。在系统中，其他应收单是企业除销售业务外应收账款管理的依据。

3) 应收开票

企业可以根据自己的实际情况，在发货后、收到订单后等时点确认应收，确认应收后还需要开具销售发票，这个过程即为应收开票。由于企业确认应收的时点与开具发票的时点会有差异，所以应收单与发票的金额可能会存在差异，但是最后的应收款项应该以发票为准，所以还需要将应收单与发票进行核对，根据发票金额对应收金额进行调整，系统因此提供了应收开票核销功能。

4) 到期收款

及时收款是保证企业良好运作的关键因素，而应收款在确认时，就已经同时确定了收款计划。一般销售业务人员在款项快到期时，会向客户催款，以保证资金能够按期收回，而具体的收款一般是由出纳负责的。在系统中收款是通过收款单实现的。

5) 应收业务核销

应收业务核销包括应收开票核销和应收收款核销。核销主要分为关联关系核销、匹配条件核销和特殊业务核销。

关联关系核销是指上游单据通过单据转换功能，生成下游单据，在下游单据审核时，系统会自动执行核销。例如，通过应收单生成收款单，在收款单审核时，系统会自动对应收单和收款单进行应收收款核销。

匹配条件核销是指系统根据用户选择的核销方案，对系统单据进行批量的核销。在系统中，应收收款的匹配条件核销通过菜单中的【应收收款核销】进行。在单据间没有关联关系的情况下，匹配条件核销是用户的最主要核销方式。通过匹配条件核销，可以将用户大多数的单据核销完毕。

特殊业务核销可以对任何单据进行核销，但是我们建议仅在需要对单据尾数冲销或者不同往来单位的应收单和收款单核销时使用该功能。特殊业务核销前可以设置生成的应收核销单的业务日期。

6.2 实验练习

本节案例数据以学号为201801001的学生张三为例，进行后续全部实验操作。

应收款管理

实验一 系统初始化

应用场景

应收款管理系统在开始使用时，要进行一些特定基础资料的设定和期初数据的录入，本案例主要介绍系统启用日期设置、初始应收单据录入。

实验步骤

- 设置系统启用日期。
- 录入初始应收单据。
- 结束初始化。

实验数据

1. 设置系统启用日期

云端公司从2021年1月起开始实施上线金蝶云星空，于2021年1月1日启用了应收款管理系统，由会计进行系统启用日期设置。系统启用日期设置信息如表6-1所示。

表6-1 系统启用日期设置信息

启用系统	启用组织	启用日期
应收管理	云端公司_姓名	2021/1/1

2. 录入期初应收单据

云端公司在应收管理系统初始化之前需要对客户期初应收单据进行录入，期初应收单如表6-2所示。

表6-2 期初应收单

业务日期	客户	产品	含税单价(元)	数量	税率(%)	价税合计(元)
2020/12/2	迅腾科技	自动驾驶机器人S型	71,428.5714	14	13	1,000,000.00
2020/12/24	度白科技	自动驾驶机器人R型	75,000.0000	40	13	3,000,000.00

`操作指导`

1. 设置系统启用日期

会计_张三登录系统，执行【财务会计】—【应收款管理】—【初始化】—【启用日期设置】命令，设置结算组织名称为"云端公司_张三"，启用日期为"2021/1/1"，单击【启用】按钮，如图6-2所示。

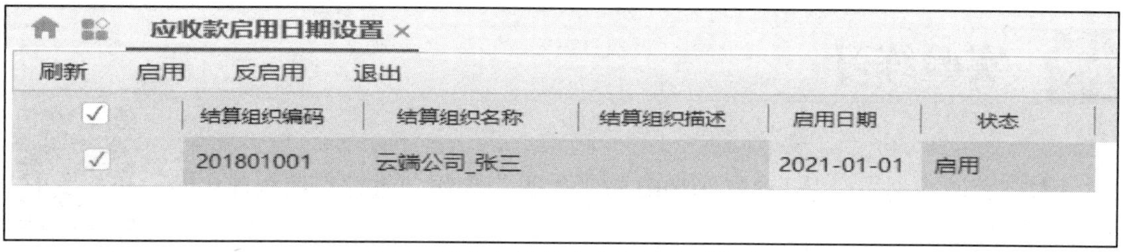

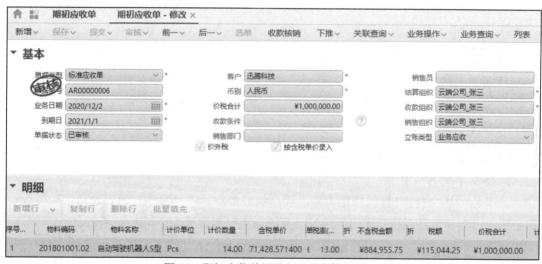

图6-2　应收款管理系统启用时间设置

2. 录入期初应收单

会计_张三登录系统，执行【财务会计】—【应收款管理】—【初始化】—【期初应收单】命令，单击【新增】按钮，按照表6-2提供的实验数据录入信息，录入完成后，依次单击【保存】【提交】【审核】按钮，如图6-3所示。

图6-3　期初应收单新增完成并审核界面(1)

参照上述步骤，根据表6-2的实验数据完成其他期初应收单的新增及审核，如图6-4所示。

第 6 章 应收款管理

图6-4 期初应收单新增完成并审核界面(2)

3. 结束初始化

会计_张三登录系统,执行【财务会计】—【应收款管理】—【初始化】—【应收款结束初始化】命令,选择结算组织结为"云端公司_张三",单击工具栏上的【结束初始化】按钮,如图6-5所示。

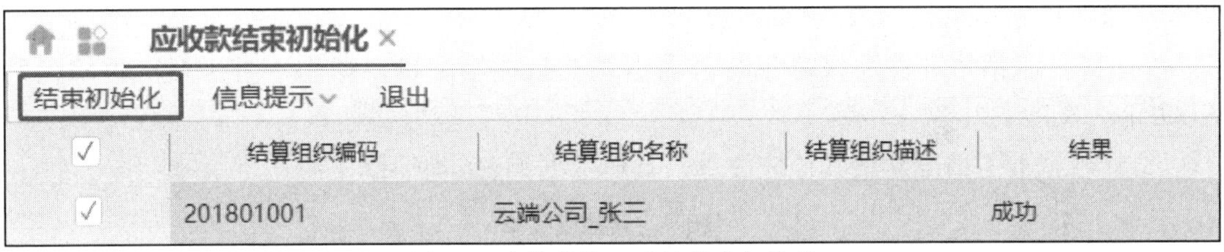

图6-5 应收款管理系统结束初始化

实验二 日常业务处理

应用场景

在销售业务发生的过程中,各个企业确定销售应收款项的环节不一样,有的企业发货后确认,有的企业根据订单确认。本案例中,企业根据不同的业务场景,以应收单来确认企业销售产生的应收款项。

实验步骤

- □ 应收款确认。
- □ 收款/退款处理。
- □ 应收坏账。
- □ 应收收款核销。

实验操作部门及人员

会计_张三负责应收款管理系统的业务操作，出纳_张三负责收款单的业务操作。

实验数据

1. 应收款确认

1) 标准应收单录入

2021年1月云端公司发生了三笔销售业务，会计根据业务情况新增标准应收单，具体数据如表6-3所示。

表6-3 标准应收单

编号	业务日期	客户	产品	含税单价(元)	数量	税率(%)	价税合计(元)
1	2021/1/2	迅腾科技	自动驾驶机器人R型	76,000.00	25	13	1,900,000.00
2	2021/1/16	米小科技	自动驾驶机器人S型	71,000.00	40	13	2,840,000.00
3	2021/1/19	度白科技	自动驾驶机器人R型	76,000.00	22	13	1,672,000.00
			自动驾驶机器人S型	71,000.00	18	13	1,278,000.00

2) 其他应收单录入

1月5日，仓储部程云因违反公司规章，罚款500元作为部门的团队活动费用。

1月7日，云端公司在采购酷炫外壳过程中发生物料毁损，按照保险合同规定，应由保险公司赔偿损失30,000元，赔款尚未收到。

1月25日，销售部乔羽报名参加公司组织的技能培训班，拟用下月工资支付培训费6,000元。

会计根据业务情况新增其他应收单，具体数据如表6-4所示。

表6-4 其他应收单

业务日期	往来单位类型	往来单位	费用承担部门	不含税金额(元)	备注
2021/1/5	员工	程云	仓储部	500.00	团队活动费
2021/1/7	其他往来单位	保险公司	财务部	30,000.00	酷炫外壳保险赔款
2021/1/25	员工	乔羽	销售部	6,000.00	培训费

2. 收款/退款处理

1) 下推生成收款单

1月25日，云端公司收到度白科技公司支付的购买"自动驾驶机器人R型"和"自动驾驶机器人S型"货款2,950,000元。

1月15日，公司收到仓储部程云500元罚款。

出纳根据应收单/其他应收单下推生成收款单，具体数据如表6-5所示。

表6-5 下推生成的收款单

业务日期	往来/付款单位	结算方式	应收金额(元)	实收金额(元)	币别	我方银行账号
2021/1/25	度白科技	网银支付	2,950,000.00	2,950,000.00	人民币	68888881
2021/1/15	程云	现金	500.00	500.00	人民币	—

2) 收款单新增

1月24日，云端公司收到迅腾科技货款1,000,000元，出纳新增收款单，具体数据如表6-6所示。

表6-6 新增的收款单

业务日期	往来/付款单位	结算方式	应收/实收金额(元)	币别	我方银行账号
2021/1/24	迅腾科技	网银支付	1,000,000.00	人民币	68888881

3. 应收坏账

1月31日，云端公司期初应收度白科技货款3,000,000元发生实际坏账50,000元，之前未计提坏账准备，会计根据坏账编制相关凭证。

4. 应收收款核销

月末，会计对云端公司本期应收收款单据进行核销，参与核销单据的业务日期小于等于2021/1/31。

操作指导

1. 应收款确认

1) 应收单录入

会计_张三登录系统，执行【财务会计】—【应收款管理】—【销售应收】—【应收单列表】命令，并单击【新增】按钮，或执行【财务会计】—【应收款管理】—【销售应收】—【应收单】命令，进入应收单新增界面。根据表6-3的实验数据录入应收单，信息录入完成后，依次单击【保存】【提交】【审核】按钮，如图6-6所示。

图6-6 应收单新增完成并审核界面(1)

参照以上销售应收单的录入步骤，根据表6-3的实验数据完成其他两笔应收单的新增及审核，审核完成界面如图6-7、图6-8所示。

图6-7 应收单新增完成并审核界面(2)

图6-8 应收单新增完成并审核界面(3)

2) 其他应收单录入

会计_张三登录系统，执行【财务会计】—【应收款管理】—【其他应收】—【其他应收单列表】命令，并单击【新增】按钮，或执行【财务会计】—【应收款管理】—【其他应收】—【其他应收单】命令，进入其他应收单新增界面。根据表6-4的实验数据录入其他应收单，信息录入完成后，依次单击【保存】【提交】【审核】按钮，如图6-9所示。

图6-9 其他应收单新增完成并审核界面(1)

参照以上其他应收单的录入步骤,根据表6-4的实验数据完成其他两笔其他应收单的新增及审核,审核完成界面,如图6-10、图6-11所示。

图6-10 其他应收单新增完成并审核界面(2)

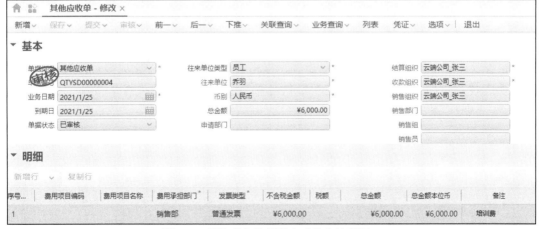

图6-11 其他应收单新增完成并审核界面(3)

2. 收款/退款业务处理

1) 应收单下推生成收款单

出纳_张三登录系统，执行【财务会计】—【应收款管理】—【销售应收】—【应收单列表】命令，选择客户为"度白科技"的应收单，单击【下推】按钮，选择单据"收款单"，如图6-12所示，然后单击【确定】按钮，进入收款单新增界面。

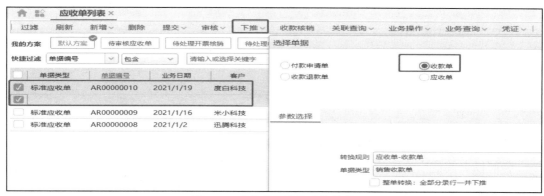

图6-12　应收单下推生成收款单

进入收款单新增界面后，根据表6-5的实验数据录入收款单，信息录入完成后，依次单击【保存】【提交】【审核】按钮，如图6-13所示。

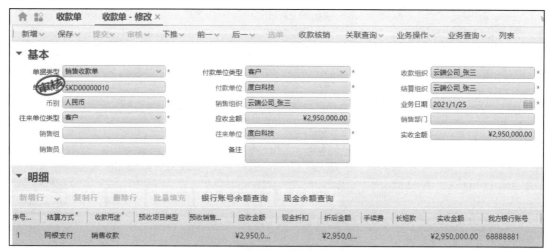

图6-13　收款单新增完成并审核界面

参照以上应收单下推生成收款单步骤，根据表6-5的实验数据完成另一笔其他应收单下推生成收款单的业务，完成后依次单击【保存】【提交】【审核】按钮，如图6-14所示。

图6-14 其他应收单下推生成收款单

2) 新增收款单

出纳_张三登录系统,执行【财务会计】—【应收款管理】—【收款】—【收款单列表】命令,进入收款单列表界面,单击【新增】按钮,根据表6-6的实验数据录入收款单,信息录入完成后依次单击【保存】【提交】【审核】按钮,如图6-15所示。

图6-15 收款单新增并审核

3. 应收坏账

会计_张三登录系统,执行【财务会计】—【总账】—【凭证管理】—【凭证录入】命令,进入凭证新增界面,录入凭证日期为"2021/1/31",摘要为"应收坏账",借方科目编码为"1231",系统自动带出科目全名为"坏账准备",借方金额为"￥50,000"元;贷方科目编码为"1122",系统自动带出科目全名为"应收账款",核算维度选择"度白科技",贷方金额为"￥50,000"元,录入完成后,单击【保存】按钮,如图6-16所示。

图6-16　凭证新增界面

4. 应收收款核销

会计_张三登录系统，进行关联关系核销，由于关联关系核销是在下游单据审核时系统自动执行的，所以没有单独的菜单，执行【财务会计】—【应收款管理】—【应收收款】—【应收收款核销记录】命令，即可直接在应收收款核销记录里面查询到关联关系核销的业务单据，如图6-17所示。

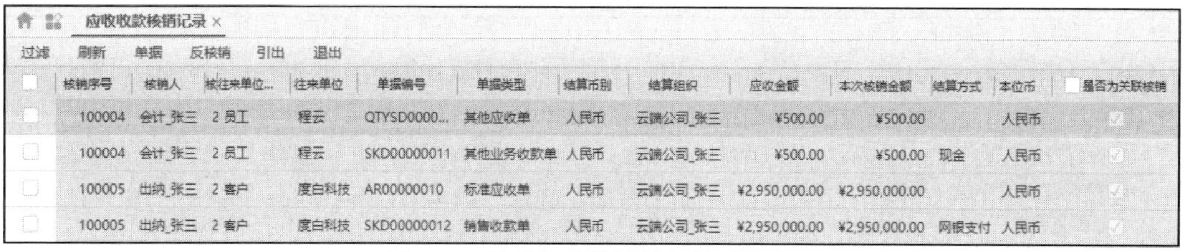

图6-17　关联关系核销单据核销查询

会计_张三登录系统，进行匹配条件核销，执行【财务会计】—【应收款管理】—【应收收款】—【应收收款核销】命令，结算组织勾选"云端公司_张三"，核销方案勾选"预置方案"，单击【下一步】按钮，如图6-18所示。

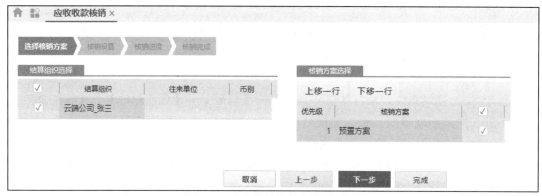

图6-18　应收收款核销向导界面(1)

勾选"直接核销"，选择参与核销单据的业务日期小于等于"2021/1/31"，选择自动产生应收核销单的业务日期为"2021/1/31"，单击【下一步】按钮，如图6-19所示。

第 6 章 应收款管理 | 79

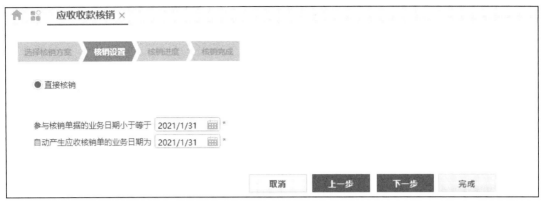

图6-19 应收收款核销向导界面(2)

直至核销完成，单击查看【核销记录】，如图6-20所示。

图6-20 应收收款核销完成界面

匹配条件核销结果，如图6-21所示。

核销序号	核销人	核	单据类型	单据编号	往...	往来单位	结算币别	结算方式	结算组织	业务日期	是否为关联...	本位币	内部清理	核销方式	应收金额
100010	会计_张三	;	标准应收单	AR00000006	客户	迅腾科技	人民币		云腾公司_张三	2020/12/2		人民币	否	匹配核销	¥1,000,000.00
100010	会计_张三	;	销售收款单	SKD00000013	客户	迅腾科技	人民币	网银支付	云腾公司_张三	2021/1/24		人民币	否	匹配核销	¥1,000,000.00
100011	会计_张三	;	标准应收单	AR00000007	客户	度白科技	人民币		云腾公司_张三	2020/12/24		人民币	否	匹配核销	¥3,000,000.00
100011	会计_张三	;	销售收款单	SKD00000009	客户	度白科技	人民币	银行承兑汇票	云腾公司_张三	2021/1/31		人民币	否	匹配核销	¥36,000.00

图6-21 匹配条件核销结果记录

实验三 财务处理

应用场景

应收款管理系统中提供【凭证生成】的入口，方便用户进行特定系统内的凭证生成操作，选择要生成凭证的账簿和期间，系统支持按单据同时生成业务凭证和总账凭证，清晰展现单据生成凭证的情况，支持凭证与业务单据的联查，做到财务分析可追溯；它与总账模块紧密集成，应收款管理系统生成的总账凭证可在总账系统进行凭证管理，有效提高账务处理工作的质量和效率。

实验步骤

- 生成凭证。
- 查询凭证。

实验数据

月末，会计对云端公司当期发生的销售应收和其他应收业务及相关的收款单进行凭证生成处理，并提交财务经理进行审核处理。

操作指导

1. 生成凭证

(1) 在系统主界面，会计_张三执行【财务会计】—【应收款管理】—【财务处理】—【凭证生成】命令，进入凭证生成界面后，选择账簿为"云端公司_张三"，执行方式选择"单据同时生成业务和总账凭证"，在"选择单据"页签中，来源单据勾选"其他应收单""应收单"，选择当期新增发生的销售业务及其他业务收入需生成凭证的单据，本案例中需选择"全部"，相应的生成总账凭证的方式选择"匹配汇总"，然后单击【凭证生成】按钮，如图6-22所示。

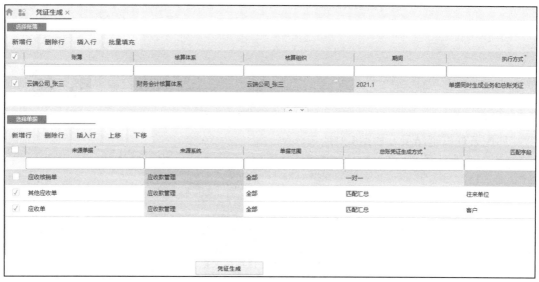

图6-22 应收凭证生成

(2) 在系统主界面，会计_张三执行【财务会计】—【出纳管理】—【账务处理】—【凭证生成】命令，进入凭证生成界面后，选择账簿为"云端公司_张三"，执行方式选择"单据同时生成业务和总账凭证"，在"选择单据"页签中，来源单据勾选"收款单"，选择当期新增发生的收款单，相应的生成总账凭证的方式选择"匹配汇总"，然后单击【凭证生成】按钮，如图6-23所示。

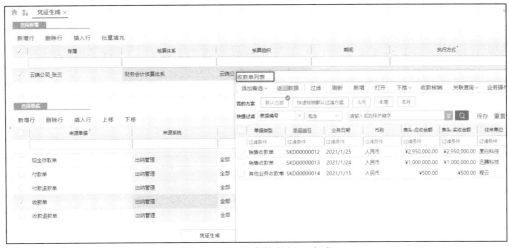

图6-23 出纳收款单凭证生成

2. 凭证查询

(1) 凭证生成后，会计_张三执行【财务会计】—【应收款管理】—【财务处理】—【业务凭证查询】命令，可查看应收相关业务凭证，如图6-24所示；会计_张三执行【财务会计】—【出纳管理】—【财务处理】—【业务凭证查询】命令，可查看相关收款业务凭证，如图6-25所示。

图6-24 应收业务凭证查询界面

图6-25 出纳收款单业务凭证查询界面

(2) 凭证生成后，会计_张三执行【财务会计】—【应收款管理】—【财务处理】—【总账凭证查询】命令，可查看应收总账凭证，如图6-26所示；会计_张三执行【财务会计】—【出纳管理】—【账务处理】—【总账凭证查询】命令，可查看出纳收款总账凭证，如图6-27所示。

图6-26 应收总账凭证查询界面

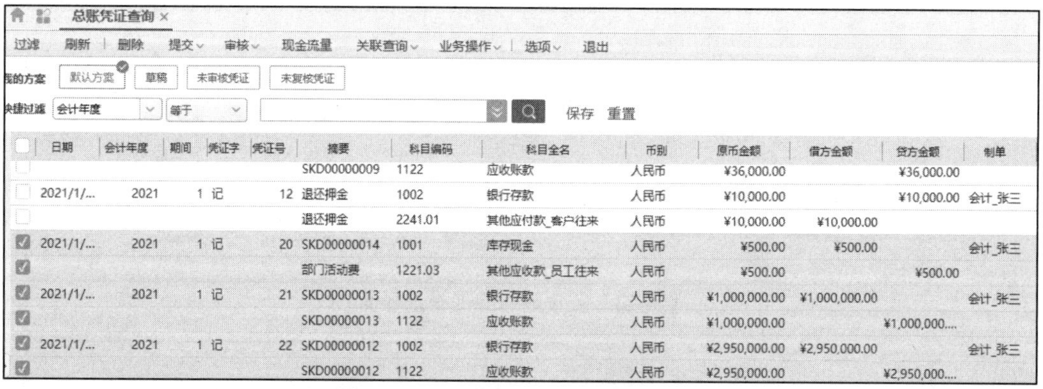

图6-27 出纳收款总账凭证查询界面

实验四 报表查询

应用场景

应收款管理模块主要提供如下报表：应收款汇总表、应收款明细表、往来对账明细表、应收款账龄分析表。

操作指导

1. 应收款汇总表

会计_张三登录系统，执行【财务会计】—【应收款管理】—【报表分析】—【应收款汇总表】命令，可查询当期与往来单位的期初余额、本期应收数、本期实收数、期末余额等数据的汇总信息。在企业的实际应用中，可根据不同的往来单位类型、指定期间进行查询，如图6-28所示。

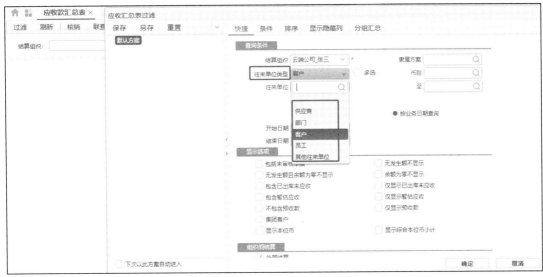

图6-28　应收款汇总表界面

2. 应收款明细表

会计_张三登录系统，执行【财务会计】—【应收款管理】—【报表分析】—【应收款明细表】命令，可根据不同的往来单位类型、指定期间，查询当期与往来单位的期初余额、本期应收数、本期实收数、期末余额等数据的明细信息，如图6-29所示。

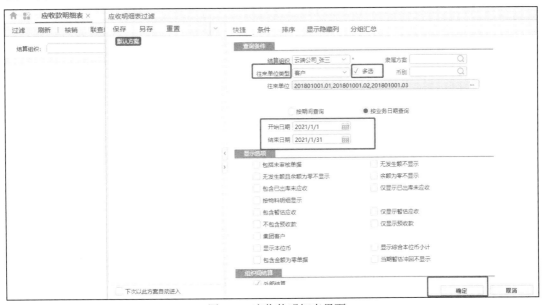

图6-29　应收款明细表界面

3. 往来对账明细表

会计_张三登录系统，执行【财务会计】—【应收款管理】—【报表分析】—【往来对账明细表】命令，往来对账明细表所展示的数据与应收款明细表基本相同，只是当往来单位既是客户又是供应商时，往来对账明细表可以将与该往来单位的所有往来都列示出来。以往来单位类型"客户"为例，时间范围修改为"2021/1/1"至"2021/1/31"，往来对账明细表如图6-30所示。

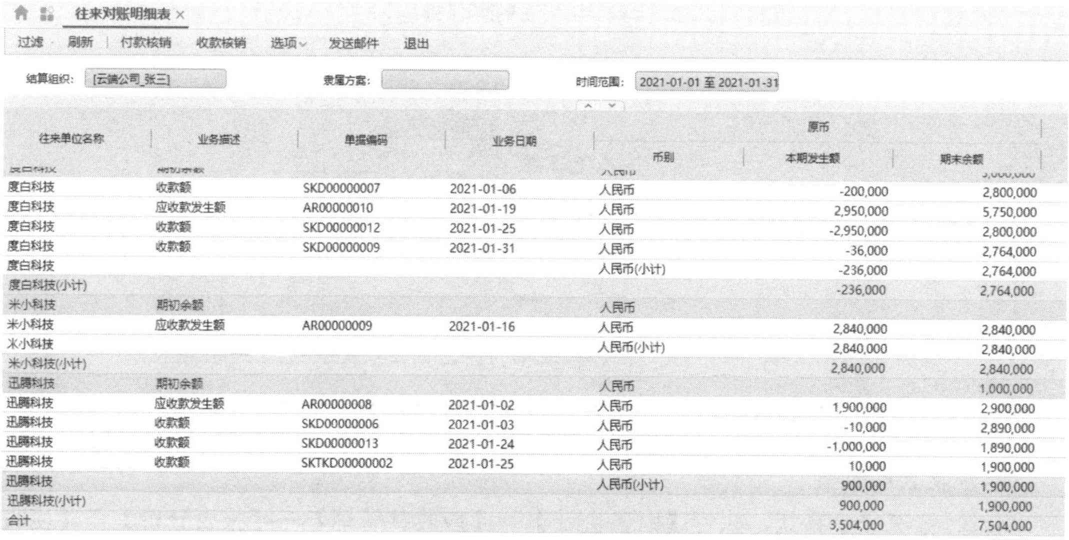

往来单位名称	业务描述	单据编码	业务日期	币别	本期发生额	期末余额
度白科技	期初余额			人民币		3,000,000
度白科技	收款额	SKD00000007	2021-01-06	人民币	-200,000	2,800,000
度白科技	应收款发生额	AR00000010	2021-01-19	人民币	2,950,000	5,750,000
度白科技	收款额	SKD00000012	2021-01-25	人民币	-2,950,000	2,800,000
度白科技	收款额	SKD00000009	2021-01-31	人民币	-36,000	2,764,000
度白科技(小计)				人民币(小计)	-236,000	2,764,000
米小科技	期初余额			人民币		
米小科技	应收款发生额	AR00000009	2021-01-16	人民币	2,840,000	2,840,000
米小科技(小计)				人民币(小计)	2,840,000	2,840,000
迅腾科技	期初余额			人民币		1,000,000
迅腾科技	应收款发生额	AR00000008	2021-01-02	人民币	1,900,000	2,900,000
迅腾科技	收款额	SKD00000006	2021-01-03	人民币	-10,000	2,890,000
迅腾科技	收款额	SKD00000013	2021-01-24	人民币	-1,000,000	1,890,000
迅腾科技	收款额	SKTKD00000002	2021-01-25	人民币	10,000	1,900,000
迅腾科技(小计)				人民币(小计)	900,000	1,900,000
合计					3,504,000	7,504,000

图6-30 往来对账明细表界面

4. 应收款账龄分析表

会计_张三登录系统，执行【财务会计】—【应收款管理】—【报表分析】—【应收款账龄分析表】命令，可查询截止到某一时间点，往来款项余额的时间分布，如图6-31所示。

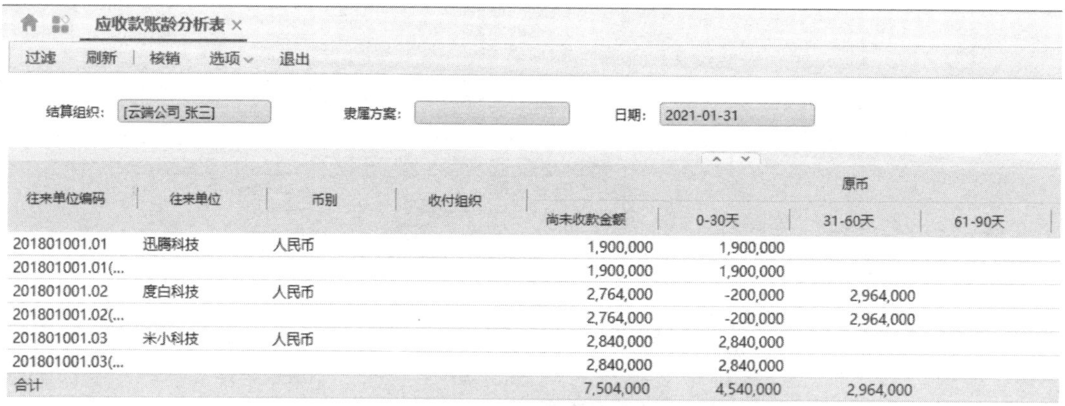

往来单位编码	往来单位	币别	收付组织	尚未收款金额	0-30天	31-60天	61-90天
201801001.01	迅腾科技	人民币		1,900,000	1,900,000		
201801001.01(...				1,900,000	1,900,000		
201801001.02	度白科技	人民币		2,764,000	-200,000	2,964,000	
201801001.02(...				2,764,000	-200,000	2,964,000	
201801001.03	米小科技	人民币		2,840,000	2,840,000		
201801001.03(...				2,840,000	2,840,000		
合计				7,504,000	4,540,000	2,964,000	

图6-31 应收款账龄分析表界面

第 7 章　应付款管理

7.1　系统概述

应付款管理系统通过应付单、其他应付单、付款单等单据的录入，对企业的往来账款进行综合管理，及时、准确地提供供应商的往来账款余额资料，及时反映本企业的流动负债数额及偿还流动负债所需资金，并提醒经营者及时完整地偿还各项应付款项，保证良好的供货关系，确保企业的赊购地位，并尽可能地享受各种折扣优惠。应付款管理系统还提供各种分析报表，如应付款账龄分析表、到期债权表、往来对账明细表、应付单跟踪表、应付款汇总表、应付款明细表等。应付款管理系统既可以独立运行，也可以与总账系统、出纳管理系统、供应链系统结合使用，提供完整的业务处理和财务信息。

1. 应付款管理系统主要业务流程

应付业务的处理通常处于完整采购业务的末端。

财务一般根据发票或其他应付单，登记应付账。如果应付款管理系统独立使用，则可以直接在应付款管理系统中输入发票及其他应付单。如果同时启用了供应链系统，则直接在供应链系统输入发票信息，保存后自动传递到应付款管理系统，往来账会计只需添加相关的往来信息。同时，应付凭证也由供应链系统制作完成后传递到应付款管理系统。付款单据输入及付款凭证制作在应付款管理系统完成。

图7-1展示了金蝶云星空应付款管理系统中的主要业务流程。

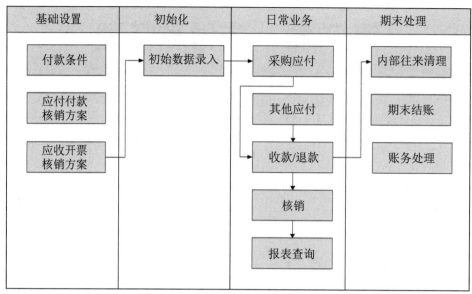

图7-1 应付款管理系统主要业务流程

2. 重点功能概述

应付款管理系统主要处理的业务包括采购应付、其他应付、应付开票、到期付款等，具体功能如下。

1) 通过应付单管理采购应付业务

各个企业确定应付款项的环节不一样，有的企业入库后确认应付款项，有的企业发出订单就确认应付款项。为了满足不同企业的不同应用方式，本系统中应付单是企业对采购应付进行管理的唯一单据，采购业务是否收到发票、是否付款及账龄分析等都是以应付单为依据的。

2) 通过其他应付管理其他应付业务

除了材料采购，企业还会有其他原因产生的应付款项，例如员工报销费用、要支付的一些行政费用等。本系统通过其他应付单来确认除采购业务外产生的应付款项。该部分应付款项确认是通过其他应付单来实现的。在系统中，其他应付单是企业除采购业务外应付账款管理的依据。

3) 费用应付单

企业材料采购过程中，除了购买价款外还会发生一些相关的税费、运输费、装卸费等，故将应付单分为标准应付单和费用应付单。费用应付单主要用于解决企业这部分应付的结算。

4) 应付开票

企业可以根据自己的实际情况，在入库后、发出订单后等时点确认应付，确认应付后还会收到供应商开具的采购发票。由于企业确认应付的时点与收到发票的时点有所差异，所以应付单与发票的金额可能存在差异，但是最后的应付款项应该以发票为准，所以还需要将应付单与发票进行核对，根据发票金额对应付金额进行调整。

5) 到期付款

及时付款是保证企业良好信用的关键因素，而应付款在确认时，就已经同时确定了付款计划，即设定明确的到期日，一般采购业务人员在款项快到期时，会向财务部提出付款申请，而具体的付款一般是由出纳负责的，在系统中付款是通过付款单实现的。

6) 应付业务核销

应付业务核销包括开票核销和应付付款核销。核销主要分为关联核销、匹配条件核销和特殊业务核销。应付款的账龄分析是很重要的业务资料。为了提供准确的账龄分析表，需要准确地了解每一笔应付款项的付款情况，即将应付单与付款单相对应，因此需要进行应付付款核销。

7) 内部往来清理

对于组织间交易形成的内部往来，有时需要实际的现金收付或者开具发票，有时不需要实际的现金收付或者开具发票。针对不需要实际的现金收付或者开具发票的情况，很多企业都是在年末或者年中进行清理，即内部往来清理。在系统中分为内部应付清理和内部应收清理。

7.2 实验练习

本节案例数据以学号为201801001的学生张三为例，进行后续全部实验操作。

应付款管理

实验一　系统初始化

应用场景

本案例主要介绍应付款管理系统初始化设置方法。

实验步骤

- □ 设置系统启用日期。
- □ 录入初始应付单据。
- □ 结束初始化。

实验数据

1. 设置系统启用日期

云端公司从2021年1月起开始实施上线金蝶云星空，于2021年1月1日启用了应付款管理系统，由会计进行系统启用日期设置。系统启用日期设置信息如表7-1所示。

表7-1　系统启用日期设置

启用系统	启用组织	启用日期
应付管理	云端公司_姓名	2021/1/1

2. 录入期初应付单据

云端公司在应付款管理系统初始化之前需要对期初应付单进行录入，期初应付单如表7-2所示。

表7-2 期初应付单

业务日期	供应商	产品	含税单价(元)	数量(个)	税率(%)	价税合计(元)
2020/12/5	精益电子	智能芯片	3,000.00	200	13	600,000.00
2020/12/10	精益电子	主控系统	500.00	400	13	200,000.00
2020/12/12	华南制造	酷炫外壳	500.00	2,000	13	1,000,000.00

操作指导

1. 设置系统启用日期

会计_张三登录系统，执行【财务会计】—【应付款管理】—【初始化】—【启用日期设置】命令，设置结算组织名称为"云端公司_张三"，启用时间为"2021/1/1"，单击【启用】按钮，如图7-2所示。

图7-2 应付款启用日期设置

2. 录入期初应付单

会计_张三登录金蝶云星空系统主界面后，执行【财务会计】—【应付款管理】—【初始化】—【期初应付单】命令，单击【新增】按钮，以供应商"精益电子"为例，供应商选择"精益电子"，修改业务日期为"2020/12/5"，在"明细"页签中，选择物料名称为"智能芯片"，含税单价为"3,000"，数量为"200"，税率(%)为"13"，录入完成后，依次单击【保存】【提交】【审核】按钮，如图7-3所示。

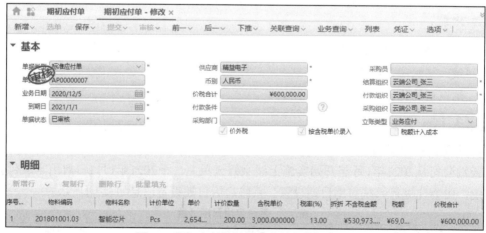

图7-3 期初应付单新增完成并审核界面(1)

参照上述步骤，根据表7-2的实验数据完成其他供应商的期初应付单的新增及审核，如图7-4、图7-5所示。

图7-4 期初应付单新增完成并审核界面(2)

图7-5 期初应付单新增完成并审核界面(3)

3. 结束初始化

会计_张三登录系统，执行【财务会计】—【应付款管理】—【初始化】—【应付款结束初始化】命令，选择结算组织为"云端公司_张三"，单击工具栏上的【结束初始化】按钮，如图7-6所示。

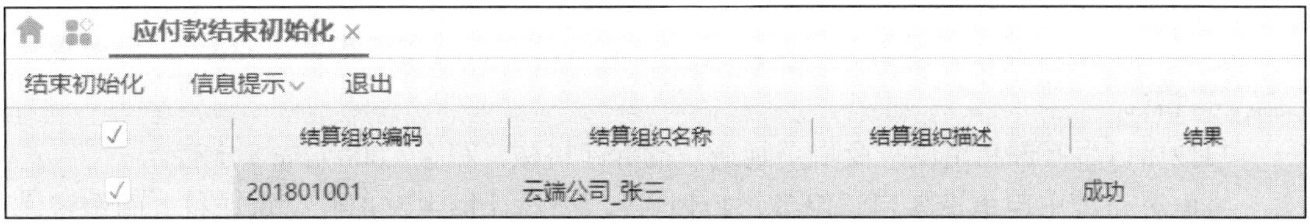

图7-6 应付款管理系统结束初始化

实验二　日常业务处理

应用场景

在采购业务发生的过程中，各个企业确定采购应付款项的环节不一样，有的企业收料后确认，有的企业根据采购订单确认。本案例中，企业根据不同的业务场景，以应付单来确认企业采购产生的应付款项。

实验步骤

- □ 应付款确认。
- □ 付款/退款处理。
- □ 应付付款核销。

实验操作部门及人员

会计_张三负责应付款管理系统的业务操作，出纳_张三负责付款单的业务操作。

实验数据

1. 应付款确认

1) 标准应付单录入

2021年1月云端公司采购原材料发生了三笔业务，会计根据业务情况新增标准应付单，具体数据如表7-3所示。

表7-3　标准应付单

编号	业务日期	供应商	产品	含税单价(元)	数量(个)	税率(%)	价税合计(元)
1	2021/1/12	精益电子	智能芯片	3,000.00	7	13	21,000.00
			主控系统	500.00	8	13	4,000.00
2	2021/1/19	华南制造	酷炫外壳	500.00	8	13	4,000.00
3	2021/1/31	供电公司	电力	1.00	35,649.90	13	35,649.90

2) 费用应付单录入

1月12日云端公司向供应商精益电子采购原材料时，因生产部急需该批物料，供应商联系货运公司提前送货，所产生的额外货运费180元由云端公司承担，会计根据业务情况新增费用应付单。

3) 其他应付单录入

除了材料采购，企业还会有其他原因产生的应付款项，例如员工报销费用、要支付的一些行政费用等。本系统通过其他应付单来确认除采购业务外产生的应付款项。

1月5日，销售部乔羽报销一笔差旅费，包括往返车费及住宿费合计980元，已审批通过，待付款。

1月2日，生产部租用供应商华南制造一批拆卸机械，租金3,000元尚未支付。

供电公司推出用电设备租赁服务，1月31日，公司计提生产部应付短期租入固定资产租金2,000元。

1月31日，计提行政部驻外办公场所租金5,000元。

具体数据如表7-4所示。

表7-4 其他应付单

业务日期	往来单位类型	往来单位	费用项目	费用承担部门	不含税金额(元)	备注
2021/1/5	员工	乔羽	差旅费	销售部	980.00	报销差旅费
2021/1/2	供应商	华南制造	拆卸费用	仓储部	3,000.00	拆卸机械租金
2021/1/31	供应商	供电公司	组装费用	生产部	2,000.00	电力设备租赁费
2021/1/31	员工	林青	办公费	行政部	5,000.00	驻外办公场所租金

2. 付款/退款处理

1) 下推生成付款申请单

1月2日，仓储部租用供应商华南制造一批拆卸机械，租金3,000元尚未支付，出纳根据已审核的其他应付单下推生成其他付款申请单。

具体数据如表7-5所示。

表7-5 付款申请单

申请日期	往来单位类型	往来/收款单位	付款/结算/申请/采购组织	到期日/期望付款日期	申请付款金额(元)	结算方式	币别	备注
2021/1/2	供应商	华南制造	云端公司_姓名	2021/1/5	3,000.00	网银支付	人民币	拆卸机械租金

2) 下推生成付款单

1月5日，经质检租用供应商华南制造的拆卸机械无破损，财务部同意支付拆卸机械租金3,000元，出纳根据付款申请单下推生成付款单。

1月25日，支付本月19日购买华南制造的货款4,000元，出纳根据应付单下推生成付款单。

1月31日，支付销售部乔羽报销的差旅费980元，出纳根据其他应付单下推生成付款单。

具体数据如表7-6所示。

表7-6 下推生成的付款单

业务日期	往来/收款单位	付款/结算/采购组织	结算方式	应付金额(元)	实付金额(元)	币别	我方银行账号	备注
2021/1/5	华南制造	云端公司_姓名	网银支付	3,000.00	3,000.00	人民币	68888881	拆卸机械租金
2021/1/25	华南制造	云端公司_姓名	网银支付	4,000.00	4,000.00	人民币	68888881	货款
2021/1/31	乔羽	云端公司_姓名	网银支付	980.00	980.00	人民币	68888881	报销差旅费

3) 付款单新增

1月5日，支付华南制造拆卸机械押金5,000元，出纳新增其他业务付款单。

1月31日，支付精益电子公司货款600,000元，出纳新增付款单。

具体数据如表7-7所示。

表7-7 新增的付款单

业务日期	往来/收款单位	付款/结算/采购组织	结算方式	应付金额（元）	实付金额（元）	币别	我方银行账号	备注
2021/1/5	华南制造	云端公司_姓名	网银支付	5,000.00	5,000.00	人民币	6888881	机械押金
2021/1/31	精益电子	云端公司_姓名	网银支付	600,000.0	600,000.0	人民币	6888881	货款

4）退款处理

1月31日，仓储部退还华南制造拆卸机械，因有部分损坏，华南制造扣除200元作为手续费，出纳根据付款单下推生成退款单。

具体数据如表7-8所示。

表7-8 付款退款单

业务日期	付款单位类型	往来/付款单位	付款/结算组织	结算方式	应付金额（元）	手续费（元）	我方银行账号	备注
2021/1/31	供应商	华南制造	云端公司	网银支付	5,000.0	200.00	6888881	退还押金

3. 应付付款核销

月末，会计对云端公司本期应付付款单据进行核销，参与核销单据的业务日期小于等于2021/1/31。

操作指导

1. 应付款确认

1）应付单录入

会计_张三登录系统，执行【财务会计】—【应付款管理】—【采购应付】—【应付单】命令，进入应付单新增界面。以精益电子的业务为例，选择业务日期为"2021/1/12"，供应商为"精益电子"，在"明细"页签中，选择物料名称为"智能芯片"，含税单价为"3,000"，数量为"7"，税率(%)为"13"，单击【新增行】按钮，选择物料名称为"主控系统"，含税单价为"500"，数量为"8"，税率(%)为"13"。信息录入完成后，依次单击【保存】【提交】【审核】按钮，如图7-7所示。

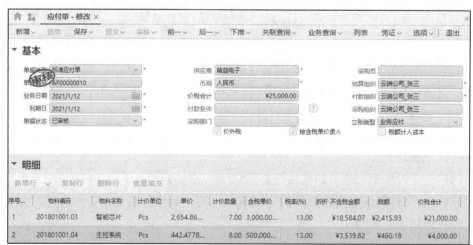

图7-7 应付单新增完成并审核界面(1)

参照以上采购应付单的录入步骤，根据表7-3的实验数据完成其他两笔应付单据的新增及审核，如图7-8、图7-9所示。

图7-8　应付单新增完成并审核界面(2)

图7-9　应付单新增完成并审核界面(3)

2) 费用应付单

会计_张三登录系统，执行在【财务会计】—【应付款管理】—【采购应付】—【应付单】命令，进入应付单新增界面。修改单据类型为"费用应付单"，供应商为"精益电子"，业务日期为"2021/1/12"，费用项目名称为"运费"，计价单位为"千克"，计价数量为"180"，含税单价为"1"，税率(%)为"7"，勾选"计入成本"。信息录入完成后，依次单击【保存】【提交】【审核】按钮，如图7-10所示。

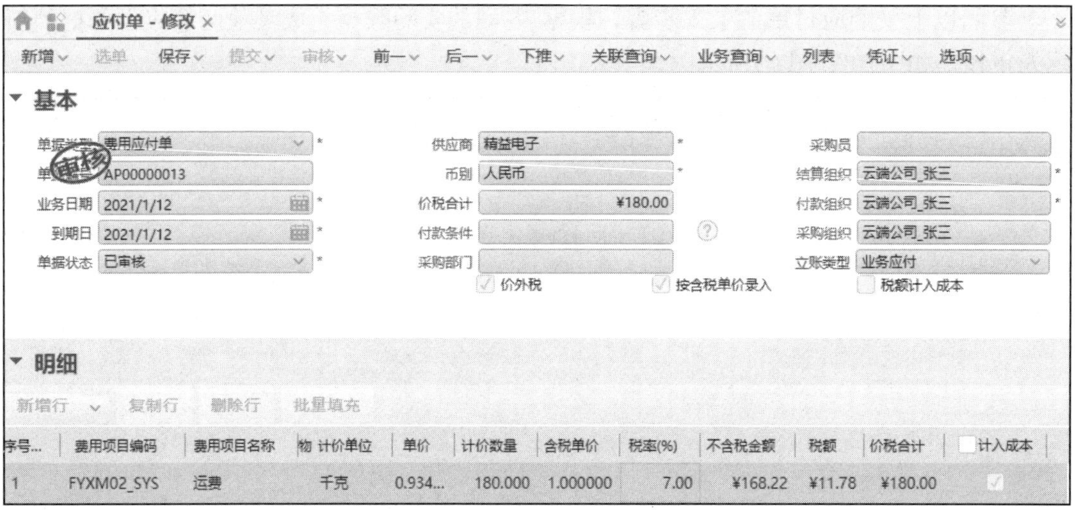

图7-10 费用应付单新增完成并审核界面

3) 其他应付单录入

会计_张三登录系统,执行【财务会计】—【应付款管理】—【其他应付】—【其他应付单】命令,进入其他应付单新增界面。以应付乔羽报销费为例,修改业务日期为"2021/1/5,"往来单位类型为"员工",往来单位为"乔羽"。费用项目编码选择"差旅费"的编码,系统自动带出对应的费用项目,费用承担部门为"销售部",不含税金额为"¥980",备注为"报销差旅费"。信息录入完成后,依次单击【保存】【提交】【审核】按钮,如图7-11所示。

图7-11 其他应付单新增完成并审核界面(1)

参照以上其他应付单的录入步骤,根据表7-4的实验数据完成其他三笔其他应付单的新增及审核,如图7-12、图7-13、图7-14所示。

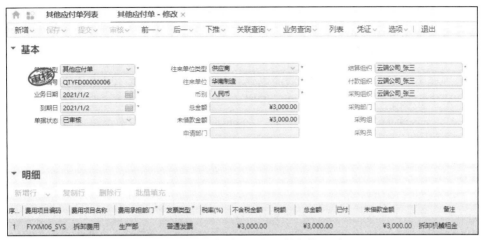

图7-12　其他应付单新增完成并审核界面(2)

图7-13　其他应付单新增完成并审核界面(3)

图7-14　其他应付单新增完成并审核界面(4)

2. 付款/退款业务处理

1) 下推生成付款申请单

出纳_张三登录系统，执行【财务会计】—【应付款管理】—【其他应付】—【其他应付单列表】命令，选择1月2日拆卸机械租金的其他应付单，单击【下推】按钮，生成付款申请单。修改申请日期为"2021/1/2"，到期日为"2021/1/5"，申请付款金额为"¥3,000"，备注为"拆卸机械租金"，核对信息无误后，依次单击【保存】【提交】【审核】按钮，如图7-15所示。

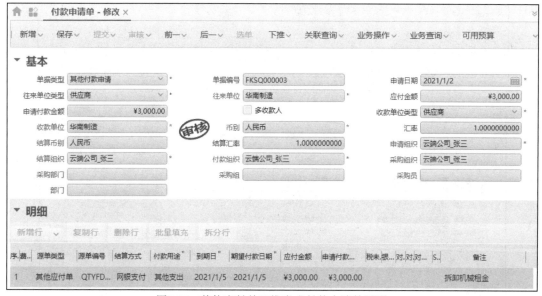

图7-15 其他应付单下推生成付款申请单界面

2) 下推生成付款单

出纳_张三登录系统，执行【财务会计】—【应付款管理】—【采购应付】—【应付单列表】命令。以应付单下推生成付款单为例，选择1月19日的应付款单据，单击【下推】—【生成付款单】按钮，如图7-16所示；进入付款单新增界面，修改业务日期为"2021/1/25"，往来单位、收款单位为"华南制造"，付款组织、结算组织、采购组织为"云端公司_张三"，结算方式为"网银支付"，我方银行账号为"68888881"，备注为"支付货款"。信息录入完成后，依次单击【保存】【提交】【审核】按钮，如图7-17所示。

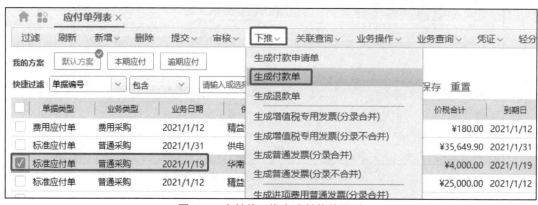

图7-16 应付单下推生成付款单界面

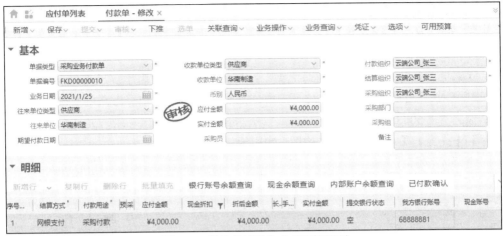

图7-17 付款单新增完成并审核界面

参照以上应付单下推生成付款单的步骤，根据表7-6的实验数据完成付款申请单/其他应付单下推生成付款单的操作，并提交审核，如图7-18、图7-19所示。

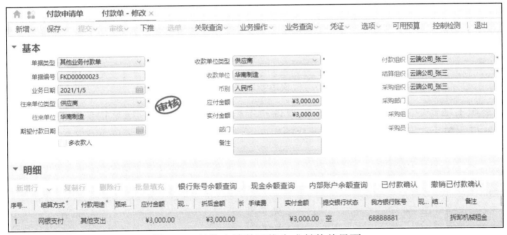

图7-18 付款申请单下推生成付款单界面

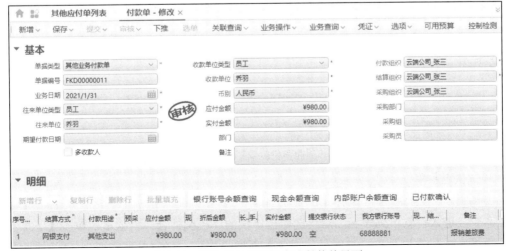

图7-19 其他应付单下推生成付款单界面

3) 新增付款单

出纳_张三登录系统，执行【财务会计】—【出纳管理】—【日常处理】—【付款单】命令，进入付款单新增界面。以新增货款付款单为例，修改收款单位类型为"供应商"，收款单位、往来单位为"精益电子"，付款组织、结算组织、采购组织为"云端公司_张三"，业务日期为"2021/1/31"，币别为"人民币"，结算方式为"网银支付"，应付金额为"￥600,000"，我方银行账号为"68888881"。信息录入完成后，依次单击【保存】【提交】【审核】按钮，如图7-20所示。

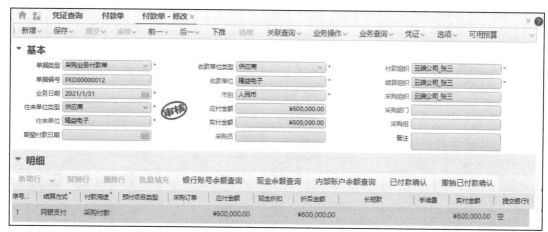

图7-20　付款单新增完成并审核界面

参照上述步骤，根据表7-7的实验数据新增机械押金付款单，注意切换单据类型为"其他业务付款单"，付款用途为"代付款项"，录入并审核完成后，界面如图7-21所示。

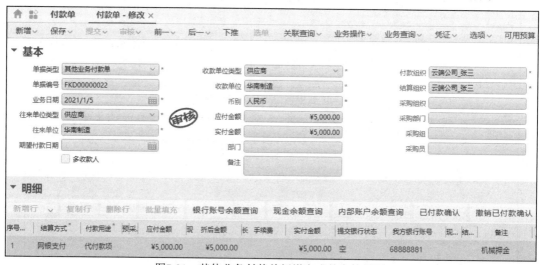

图7-21　其他业务付款单新增完成并审核界面

4) 付款退款单

出纳_张三登录系统，执行【财务会计】—【出纳管理】—【日常处理】—【付款单】命令，进入付款单列表界面后，选中已审核的"机械押金"付款单，单击【下推】按钮，下推生成付款退款单。进入付款退款单新增界面后，修改单据类型为"其他业务退款单",付款单位类型、往来单位类型为"供应商",付款单位、往来单位为"华南制造",业务日期为"2021/1/31",结算方式为"网银支付",应退金额为"¥5,000",手续费为"¥200",实退金额为"¥4,800",我方银行账号为"68888881",备注为"退还押金",核对无误后,依次单击【保存】【提交】【审核】按钮,如图7-22所示。

图7-22 付款退款单新增完成并审核界面

3. 应付付款核销

会计_张三登录系统,进行关联关系核销,由于关联关系核销是在下游单据审核时系统自动执行的,所以没有单独的菜单,执行【财务会计】—【应付款管理】—【应付付款】—【应付付款核销记录】命令,即可直接在应付款核销记录里面查询到关联关系核销的业务单据,如图7-23所示。

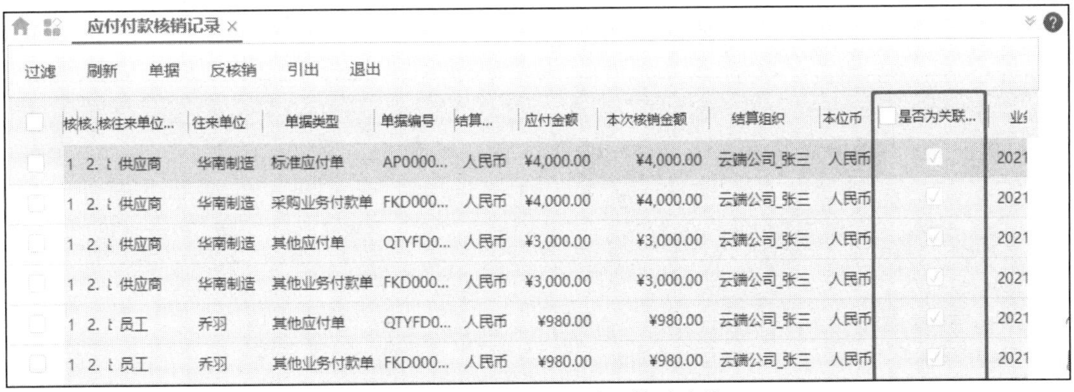

图7-23 关联关系核销单据核销查询

会计_张三登录系统,进行匹配条件核销,执行【财务会计】—【应付款管理】—【应付付款】—【应付付款核销】命令,结算组织勾选"云端公司_张三",核销方案勾选"预置方案",单击【下一步】按钮,如图7-24所示。勾选"直接核销",选择参与核销单据的业务日期小于等于"2021/1/31",选择自动产生应付核销单的业务日期为"2021/1/31",再单击【下一步】按钮,如图7-25所示。核销完成后,可查询各种核销结果,如图7-26所示。

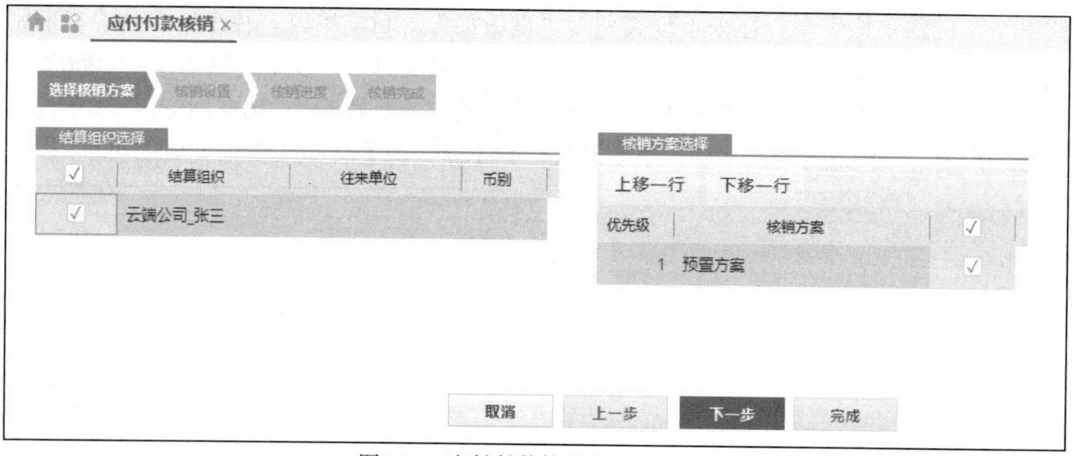

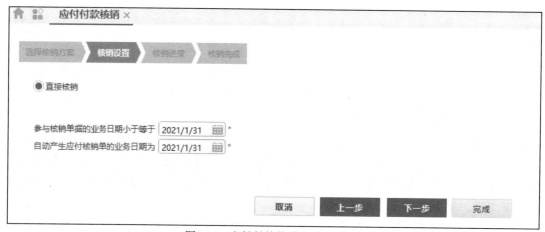

图7-24　应付付款核销向导界面(1)

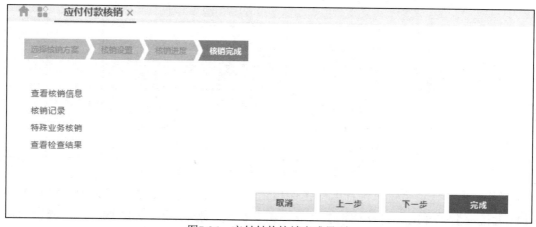

图7-25　应付付款核销向导界面(2)

图7-26　应付付款核销完成界面

匹配条件核销结果，如图7-27所示。

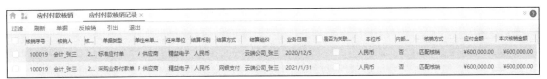

图7-27 匹配条件核销结果记录

实验三 财务处理

应用场景

应付款管理系统中提供【凭证生成】的入口，方便用户进行特定系统内的凭证生成操作，选择要生成凭证的账簿和期间，系统支持按单据同时生成业务凭证和总账凭证，清晰展现单据生成凭证的情况，支持凭证与业务单据的联查，做到财务分析可追溯；它与总账模块紧密集成，应付款管理系统生成的总账凭证可在总账系统进行凭证管理，有效提高账务处理工作的质量和效率。

实验步骤

- 生成凭证。
- 查询凭证。

月末，会计对云端公司当期发生的采购应付和其他应付业务进行凭证生成处理，并提交财务经理进行审核处理。

操作指导

1. 生成凭证

(1) 在系统主界面，会计_张三执行【财务会计】—【应付款管理】—【账务处理】—【凭证生成】命令，进入凭证生成界面后，选择账簿为"云端公司_张三"，执行方式选择"单据同时生成业务和总账凭证"，在"选择单据"页签中，来源单据勾选"应付单""其他应付单"，选择当期新增发生的采购业务及其他业务支出需生成凭证的单据，本案例中需选择"全部"，应付单的总账凭证生成方式选择"一对一"，如图7-28所示；单击【凭证生成】按钮后，系统会自动生成"凭证生成报告列表"，可查看单据生成凭证情况。

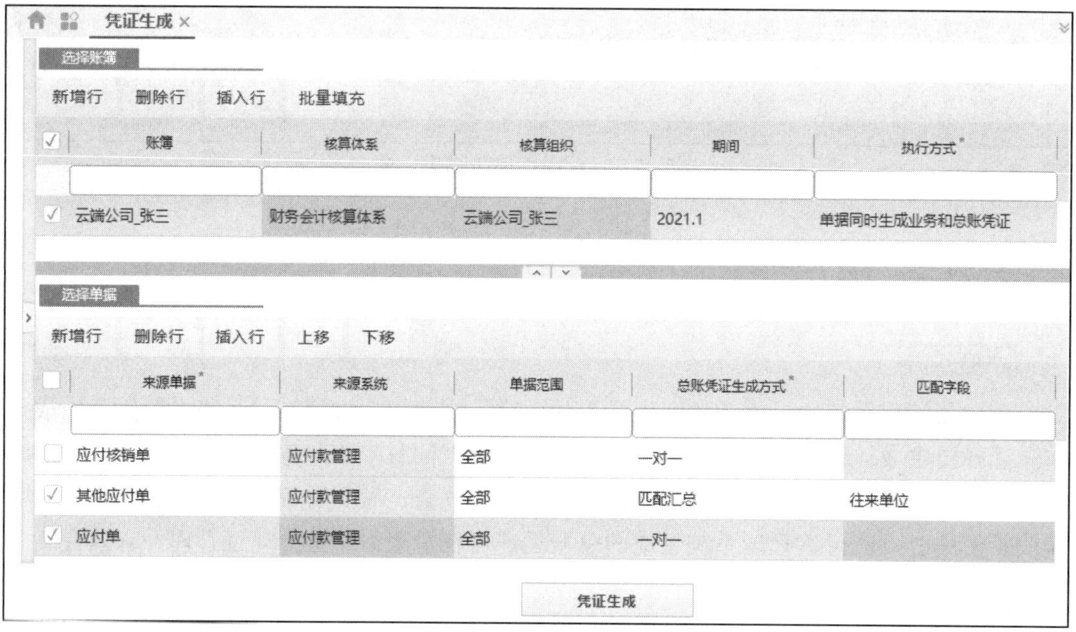

图7-28 应付凭证生成

(2) 在系统主界面，会计_张三执行【财务会计】—【出纳管理】—【账务处理】—【凭证生成】命令，进入凭证生成界面后，选择账簿为"云端公司_张三"，执行方式选择"单据同时生成业务和总账凭证"，在"选择单据"页签中，来源单据勾选"付款单""付款退款单"，选择当期新增发生的付款单、付款退款单，付款单的总账凭证生成方式选择"一对一"，然后单击【凭证生成】按钮，如图7-29所示。

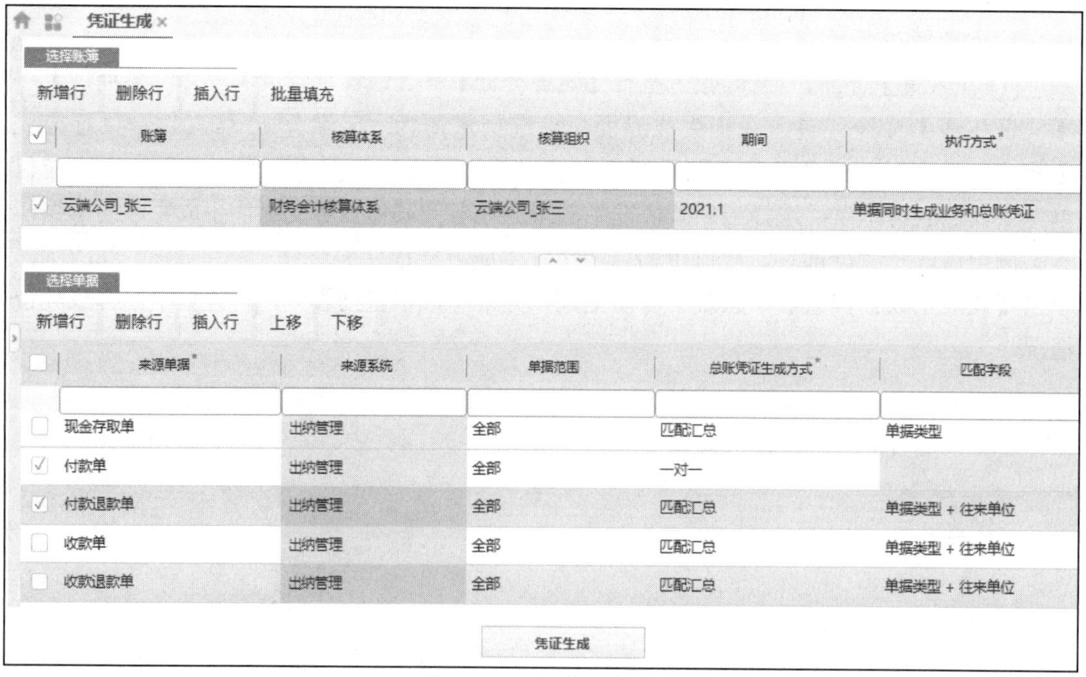

图7-29 出纳凭证生成

2. 凭证查询

凭证生成后，执行【财务会计】—【应付款管理】—【账务处理】—【总账凭证查询】命令，可对应付总账凭证进行查询，如图7-30所示；执行【财务会计】—【出纳管理】—【账务处理】—【总账凭证查询】命令，可对出纳付款及退款总账凭证进行查询，如图7-31所示。

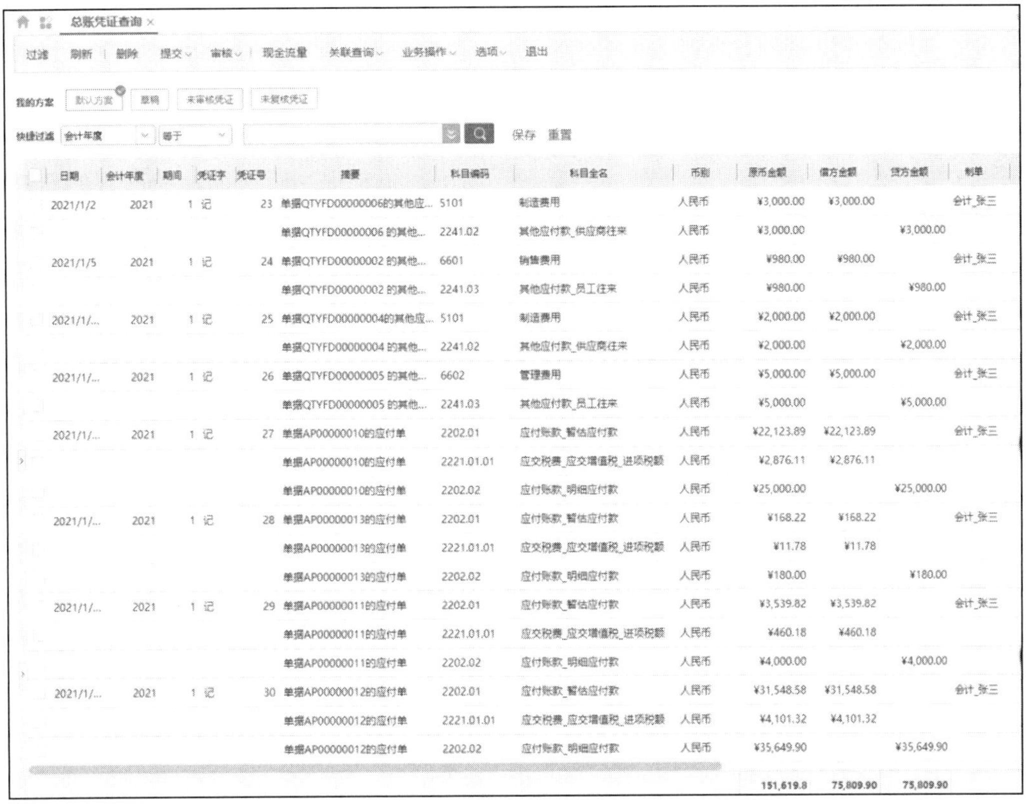

日期	会计年度	期间	凭证字	凭证号	摘要	科目编码	科目全名	币别	原币金额	借方金额	贷方金额	制单
2021/1/2	2021	1	记	23	单据QTYFD00000006的其他应...	5101	制造费用	人民币	¥3,000.00	¥3,000.00		会计_张三
					单据QTYFD00000006 的其他...	2241.02	其他应付款_供应商往来	人民币	¥3,000.00		¥3,000.00	
2021/1/5	2021	1	记	24	单据QTYFD00000002 的其他...	6601	销售费用	人民币	¥980.00	¥980.00		会计_张三
					单据QTYFD00000002 的其他...	2241.03	其他应付款_员工往来	人民币	¥980.00		¥980.00	
2021/1/...	2021	1	记	25	单据QTYFD00000004的其他应...	5101	制造费用	人民币	¥2,000.00	¥2,000.00		会计_张三
					单据QTYFD00000004 的其他...	2241.02	其他应付款_供应商往来	人民币	¥2,000.00		¥2,000.00	
2021/1/...	2021	1	记	26	单据QTYFD00000005 的其他...	6602	管理费用	人民币	¥5,000.00	¥5,000.00		会计_张三
					单据QTYFD00000005 的其他...	2241.03	其他应付款_员工往来	人民币	¥5,000.00		¥5,000.00	
2021/1/...	2021	1	记	27	单据AP00000010的应付单	2202.01	应付账款_暂估应付款	人民币	¥22,123.89	¥22,123.89		会计_张三
					单据AP00000010的应付单	2221.01.01	应交税费_应交增值税_进项税额	人民币	¥2,876.11	¥2,876.11		
					单据AP00000010的应付单	2202.02	应付账款_明细应付款	人民币	¥25,000.00		¥25,000.00	
2021/1/...	2021	1	记	28	单据AP00000013的应付单	2202.01	应付账款_暂估应付款	人民币	¥168.22	¥168.22		会计_张三
					单据AP00000013的应付单	2221.01.01	应交税费_应交增值税_进项税额	人民币	¥11.78	¥11.78		
					单据AP00000013的应付单	2202.02	应付账款_明细应付款	人民币	¥180.00		¥180.00	
2021/1/...	2021	1	记	29	单据AP00000011的应付单	2202.01	应付账款_暂估应付款	人民币	¥3,539.82	¥3,539.82		会计_张三
					单据AP00000011的应付单	2221.01.01	应交税费_应交增值税_进项税额	人民币	¥460.18	¥460.18		
					单据AP00000011的应付单	2202.02	应付账款_明细应付款	人民币	¥4,000.00		¥4,000.00	
2021/1/...	2021	1	记	30	单据AP00000012的应付单	2202.01	应付账款_暂估应付款	人民币	¥31,548.58	¥31,548.58		会计_张三
					单据AP00000012的应付单	2221.01.01	应交税费_应交增值税_进项税额	人民币	¥4,101.32	¥4,101.32		
					单据AP00000012的应付单	2202.02	应付账款_明细应付款	人民币	¥35,649.90		¥35,649.90	
									151,619.8	75,809.90	75,809.90	

图7-30　应付总账凭证查询界面

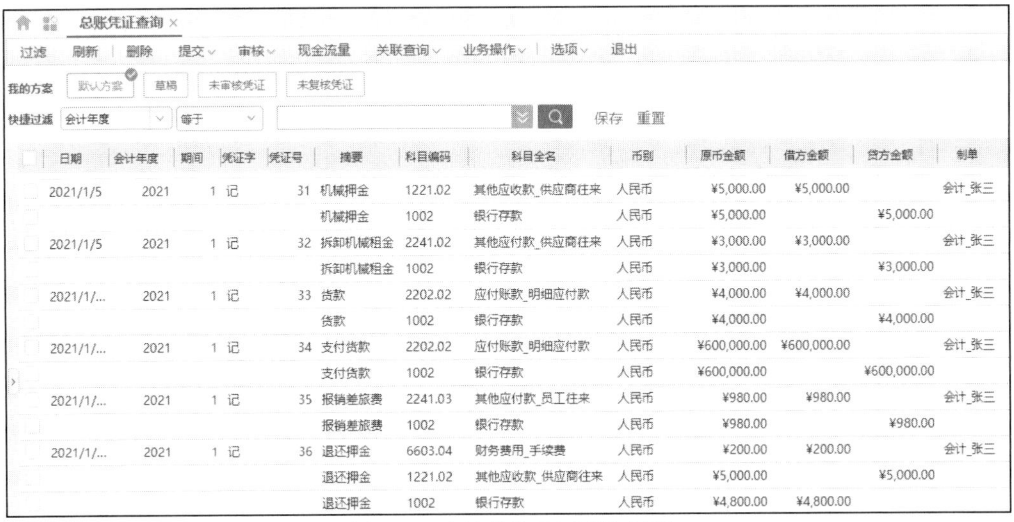

日期	会计年度	期间	凭证字	凭证号	摘要	科目编码	科目全名	币别	原币金额	借方金额	贷方金额	制单
2021/1/5	2021	1	记	31	机械押金	1221.02	其他应收款_供应商往来	人民币	¥5,000.00	¥5,000.00		会计_张三
					机械押金	1002	银行存款	人民币	¥5,000.00		¥5,000.00	
2021/1/5	2021	1	记	32	拆卸机械租金	2241.02	其他应付款_供应商往来	人民币	¥3,000.00	¥3,000.00		会计_张三
					拆卸机械租金	1002	银行存款	人民币	¥3,000.00		¥3,000.00	
2021/1/...	2021	1	记	33	货款	2202.02	应付账款_明细应付款	人民币	¥4,000.00	¥4,000.00		会计_张三
					货款	1002	银行存款	人民币	¥4,000.00		¥4,000.00	
2021/1/...	2021	1	记	34	支付货款	2202.02	应付账款_明细应付款	人民币	¥600,000.00	¥600,000.00		会计_张三
					支付货款	1002	银行存款	人民币	¥600,000.00		¥600,000.00	
2021/1/...	2021	1	记	35	报销差旅费	2241.03	其他应付款_员工往来	人民币	¥980.00	¥980.00		会计_张三
					报销差旅费	1002	银行存款	人民币	¥980.00		¥980.00	
2021/1/...	2021	1	记	36	退还押金	6603.04	财务费用_手续费	人民币	¥200.00	¥200.00		会计_张三
					退还押金	1221.02	其他应收款_供应商往来	人民币	¥5,000.00		¥5,000.00	
					退还押金	1002	银行存款	人民币	¥4,800.00	¥4,800.00		

图7-31　出纳总账凭证查询界面

应用场景

应付款管理模块主要提供如下报表：应付款汇总表、应付款账龄分析表、到期债务表、应付单跟踪表等。

操作指导

1. 应付款汇总表

会计_张三登录系统，执行【财务会计】—【应付款管理】—【报表分析】—【应付款汇总表】命令，可查询当期与往来单位的期初余额、本期应付数、本期实付数、期末余额等数据的汇总信息。在企业的实际应用中可能需要根据不同维度的往来单位类型查询，如图7-32所示；以往来单位类型是"供应商"为例，勾选多个供应商，修改开始日期为"2021/1/1"，结束日期为"2021/1/31"，可查看对应的应付款汇总表，如图7-33所示。

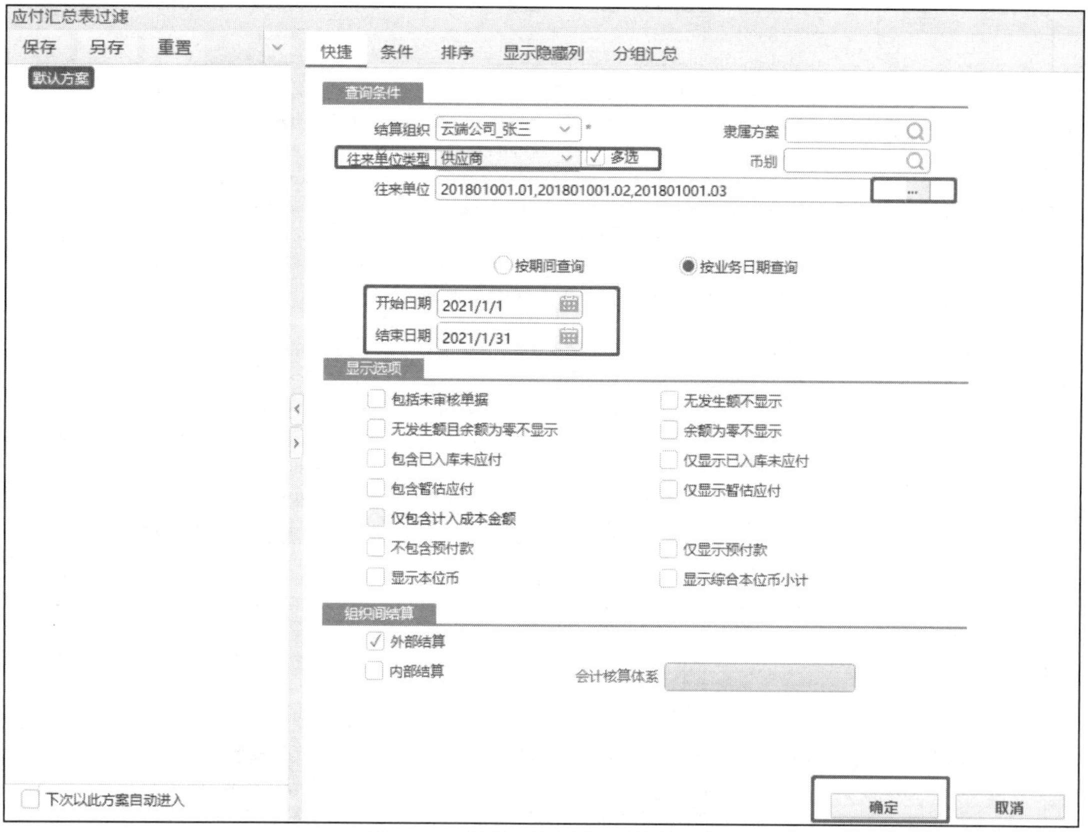

图7-32 应付汇总表过滤设置界面

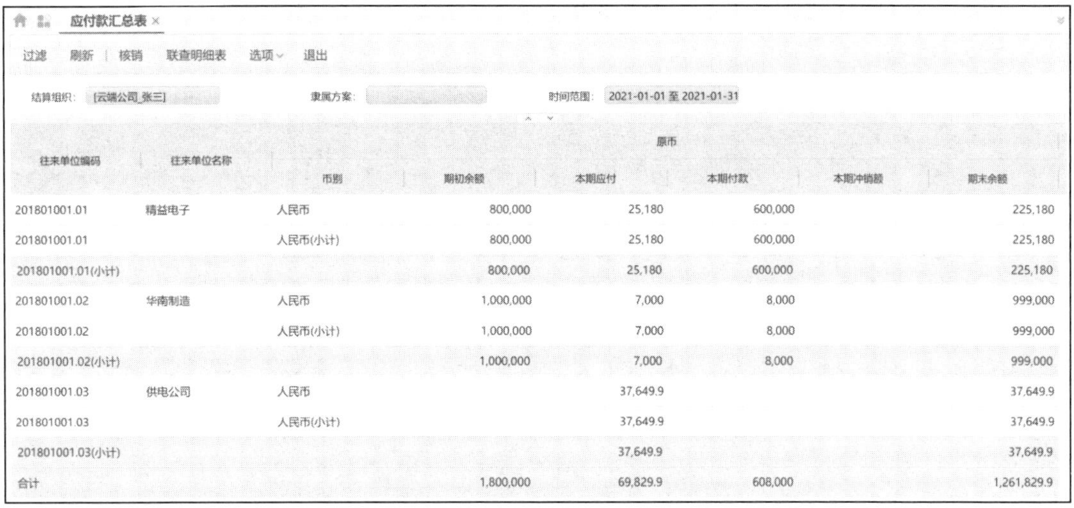
应付款汇总表 ×

过滤 刷新 | 核销 联查明细表 选项 退出

结算组织：[云端公司_张三] 隶属方案： 时间范围：2021-01-01 至 2021-01-31

往来单位编码	往来单位名称	原币					
		币别	期初余额	本期应付	本期付款	本期冲销额	期末余额
201801001.01	精益电子	人民币	800,000	25,180	600,000		225,180
201801001.01		人民币(小计)	800,000	25,180	600,000		225,180
201801001.01(小计)			800,000	25,180	600,000		225,180
201801001.02	华南制造	人民币	1,000,000	7,000	8,000		999,000
201801001.02		人民币(小计)	1,000,000	7,000	8,000		999,000
201801001.02(小计)			1,000,000	7,000	8,000		999,000
201801001.03	供电公司	人民币		37,649.9			37,649.9
201801001.03		人民币(小计)		37,649.9			37,649.9
201801001.03(小计)				37,649.9			37,649.9
合计			1,800,000	69,829.9	608,000		1,261,829.9

图7-33　应付款汇总表查询界面

2. 应付款账龄分析表

会计_张三登录系统，执行【财务会计】—【应付款管理】—【报表分析】—【应付款账龄分析表】命令，可查询截止到某一时间点，往来款项余额的时间分布。在企业的实际应用中可能需要根据往来单位的不同维度查询，以往来单位是“供应商”为例，可以查询到截止日期前未核销完毕的应付单，如图7-34所示。

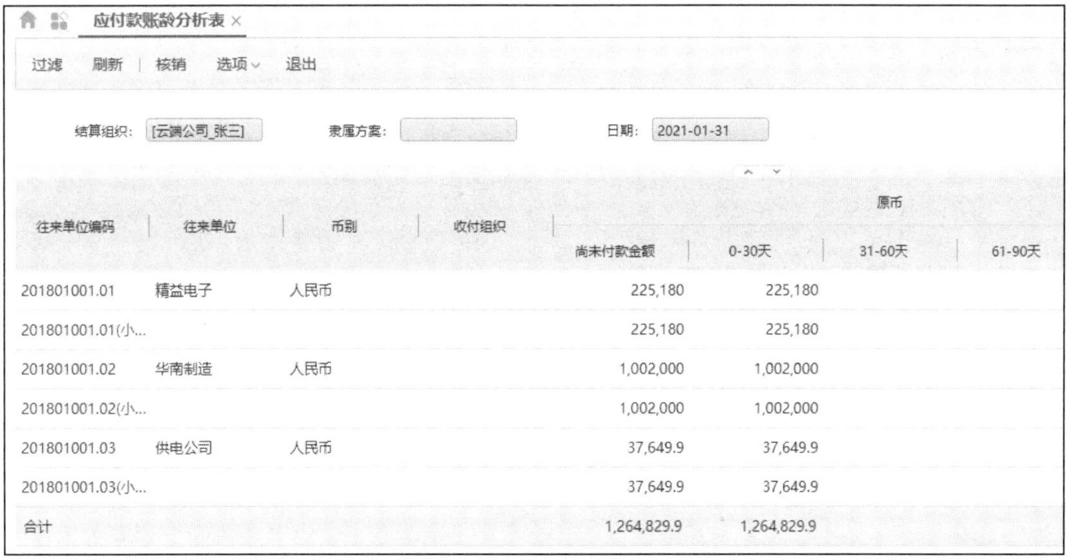
应付款账龄分析表 ×

过滤 刷新 | 核销 选项 退出

结算组织：[云端公司_张三] 隶属方案： 日期：2021-01-31

往来单位编码	往来单位	币别	收付组织	原币			
				尚未付款金额	0-30天	31-60天	61-90天
201801001.01	精益电子	人民币		225,180	225,180		
201801001.01(小...				225,180	225,180		
201801001.02	华南制造	人民币		1,002,000	1,002,000		
201801001.02(小...				1,002,000	1,002,000		
201801001.03	供电公司	人民币		37,649.9	37,649.9		
201801001.03(小...				37,649.9	37,649.9		
合计				1,264,829.9	1,264,829.9		

图7-34　应付款账龄分析表界面

3. 到期债务表

会计_张三登录系统，执行【财务会计】—【应付款管理】—【报表分析】—【到期债务表】命令，可查询截止到指定日期止，已经到期的未核销应付款及过期天数、未到期的应付款及未过期天数；在企业的实际应用中可能需要根据往来单位的不同维度查询，以往来单位“供应商”为例，如图7-35所示。

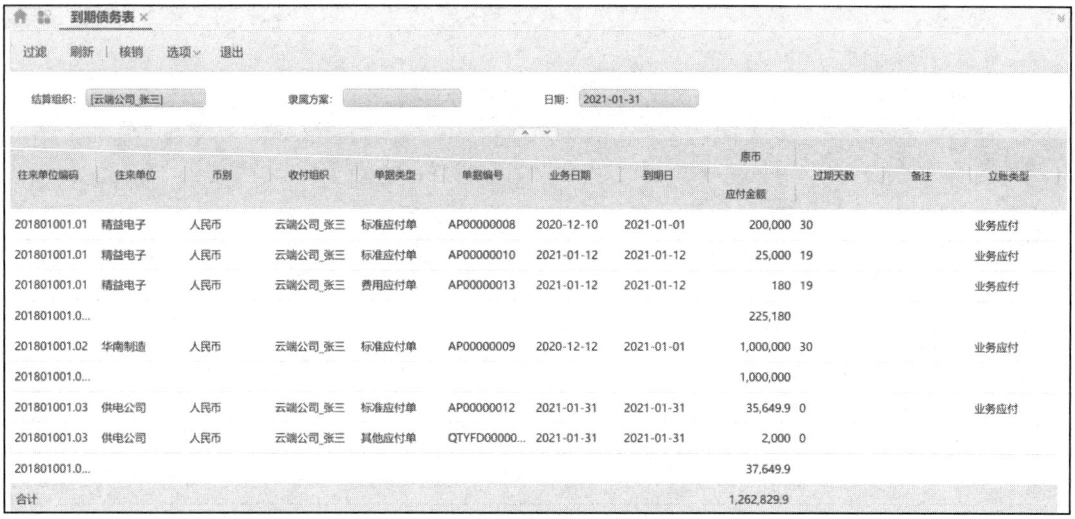

图7-35 到期债务表界面

4. 应付单跟踪表

会计_张三登录系统，执行【财务会计】—【应付款管理】—【报表分析】—【应付单跟踪表】命令，可查询与应付业务有关的各种信息的报表，例如订单情况、入库情况、付款情况、发票情况等的报表，如图7-36所示。

图7-36 应付单跟踪表界面

第 8 章　固定资产管理

8.1 系统概述

固定资产管理系统以资产卡片管理为中心，从资产购入企业开始到资产退出的整个生命周期的管理，能够针对资产实物进行全程跟踪，能够记录、计量资产的价值变化，能够记录资产的使用情况和折旧费用的分配情况。实现资产管理工作的信息化、规范化与标准化管理，全面提升企业资产管理工作的工作效率与管理水平，使资产的管理变得轻松、准确、快捷和全面。

1. 固定资产管理系统的主要业务流程

固定资产的取得不管其来源方式如何，都需要建立固定资产档案，输入诸如卡片编码、资产编码、规格、型号、存放地点、资产类别、使用年限、折旧方法等必要资料，固定资产取得后，每月需要计提折旧费用，使用一段时间后，会进行出售、交换、调拨、报废等处理，期末会进行资产盘点、账务核对等。一个完整的固定资产日常业务主要包括4个环节，分别是新增固定资产、资产变更、资产处置、计提折旧。

1) 固定资产日常业务流程

金蝶云星空固定资产管理系统的主要业务流程如图8-1所示。

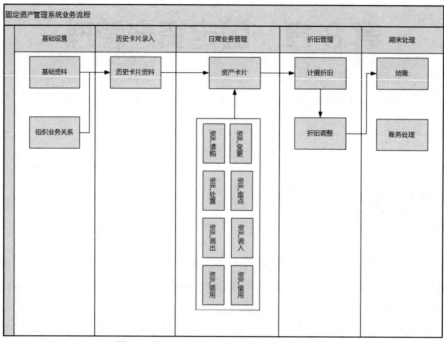

图8-1　固定资产管理系统的主要业务流程

2) 资产采购流程

金蝶云星空资产采购流程如图8-2所示。

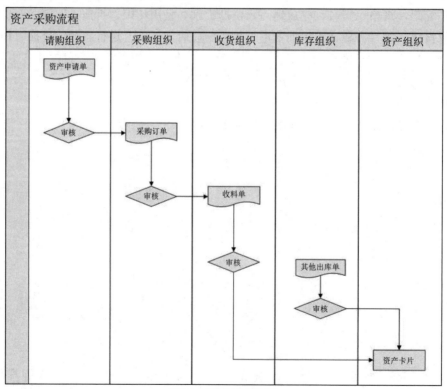

图8-2　资产采购流程

2. 重点功能概述

固定资产的多会计政策管理、资产申领和资产调拨是整个系统内相对比较复杂的操作。

1) 多会计政策管理

固定资产管理系统支持多会计政策核算，同一张卡片支持多价值管理。

会计政策，是系统化企业财务管理的方针政策，依据国家(地区)会计准则建立。资产管理相关的会计政策有：各资产类别的资产折旧方法、资产折旧年限、折旧政策等。

从资产卡片维度看，同一张卡片支持多会计政策，不同政策下财务信息不同，但实物信息共享，资产卡片维度的多会计政策管理如图8-3所示。

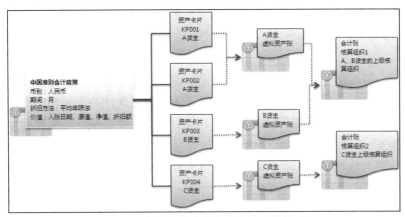

图8-3　资产卡片维度的多会计政策管理

从会计政策维度看，在同一个会计政策下，各资产类别采用的折旧方法、折旧政策、折旧年限原则上是相同的，但具体到每个卡片时允许修改。一个会计政策下管理的各资产卡片价值，类似于一个独立于总账的虚拟资产账，会计政策维度的多会计政策管理如图8-4所示。

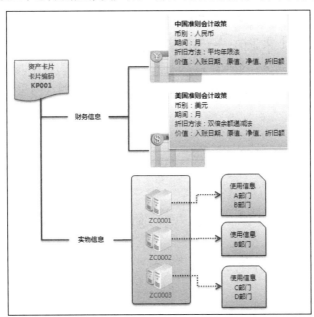

图8-4　会计政策维度的多会计政策管理

2) 资产申领

资产申领是全员参与的工作，从员工资产的申请到资产管理部门对资产的调配，再到采购部门的采购，最后员工的领用，整个过程比较复杂，涉及人员部门众多。

企业固定资产采购建卡可以采用两种方式，一种是资产作为固定资产申请采购后不入库直接通过收料单建卡，一种是资产作为普通物料采购后入库，然后再从仓库领用建卡。

3) 卡片录入

卡片录入是资产管理的基础工作，企业通过资产卡片录入来进行资产的入账管理，卡片上要填写资产的名称、类别、数量、单位等基本信息，以及财务信息、实物信息、使用分配信息、发票信息、附属设备和会计政策信息等资料。后续的资产的实物管理和价值管理，均以卡片为基础，因此维护好卡片的信息，对资产管理来说至关重要。

4) 资产调拨

资产调拨可以是资产从一个资产组织调出，调入另一个资产组织，也可以是资产从一个货主组织调出，调入另一个货主组织，主要是为了满足集团内组织间资产调拨，减少资产的重复采购。资产从一个资产组织调出，调入另一个资产组织，货主组织未发生变动，则只需要更新资产卡片的资产组织。资产从一个货主组织调出，调入另一个货主组织，调入资产组织对调入单进行确认后，调出资产组织需要对调出资产进行处置，调入资产组织需要对调入资产建卡管理。

5) 计提折旧

金蝶云星空系统提供平均年限法、工作量法、年数总和法及双倍余额递减法四种计提折旧的方法，企业根据自己管理的需要和法规的规定，每月月底要对卡片进行计提折旧，也就是将资产的价值在预计使用年限内分摊到成本中去，涉及多组织和多会计政策的管理，卡片可以按照会计政策+货主组织进行计提。

6) 资产盘点

资产是对于整个企业来说的，一般价值较高，因此定期或者不定期的盘点就是企业日常的重要工作。资产盘点主要是根据盘点方案，筛选要盘点的资产的范围和时间点。资产盘点后会对资产的盘盈和盘亏进行处理。这是企业进行账实相符的重要工作之一。

8.2 实验练习

本节案例数据以学号为201801001的学生张三为例，进行后续全部实验操作。

实验一 系统初始化

应用场景

资产系统在开始使用时，要进行一些特定基础资料的设定和期初数据的录入，本案例

固定资产管理

主要介绍基础资料、系统参数的录入及初始化卡片录入。

实验步骤

- 启用固定资产系统。
- 新增资产位置。
- 新增期初固定资产卡片。

实验前准备

使用教师提供的数据中心：云端公司一组，由会计_张三录入基础资料并进行初始化操作。

实验数据

(1) 云端公司启用固定资产系统时间为2021年1期间。

(2) 云端公司对资产进行实物管理，新增以下资产位置如表8-1所示。

表8-1 资产位置

	地址
1	本部大楼
2	驻外办公室

(3) 系统初始卡片数据如表8-2所示。

表8-2 初始卡片数据

资产类别	电子设备	房屋建筑	机器设备	机器设备	机器设备	电子设备	其他设备
资产名称	打印机	办公大厦	生产设备	组装设备	电机	电脑	办公家具
单位	台	栋	台	台	台	台	套
数量	1	1	1	7	1	5	1
开始使用日期	2020/12/1	2020/12/1	2020/12/1	2020/12/1	2020/12/1	2020/12/1	2020/12/1
会计政策	中国准则	中国准则	中国准则	中国准则	中国准则	中国准则	中国准则
入账日期	2021/1/1	2021/1/1	2021/1/1	2021/1/1	2021/1/1	2021/1/1	2021/1/1
未税成本(元)	10,000	20,000,000	2,000,000	14,000,000	2,000,000	25,000	20,000
购买单价(元)	10,000	20,000,000	20,000,00	2,000,000	2,000,000	5,000	20,000
资产编码	学号.01	学号.02	学号.03	学号.04	学号.05	学号.06	学号.07
资产位置	本部大楼	本部大楼	本部大楼	本部大楼	本部大楼	本部大楼	本部大楼
使用部门	财务部	行政部	生产部	生产部	生产部	财务部	行政部
费用项目	折旧费用	折旧费用	折旧费用	折旧费用	折旧费用	折旧费用	折旧费用

操作指导

1. 启用固定资产系统

会计_张三登录系统，执行【资产管理】—【固定资产】—【启用期间设置】—【启用固定资产系统】命令，进入启用固定资产系统界面，选择货主组织为"云端公司_张三"，系统会根据货主组织找到其适用的会计政策，在需要启用的会计政策下设置启用时间，设置启用年度为"2021"，启用期间为"1"，完成设置后，单击【启用】按钮，如

图8-5所示。

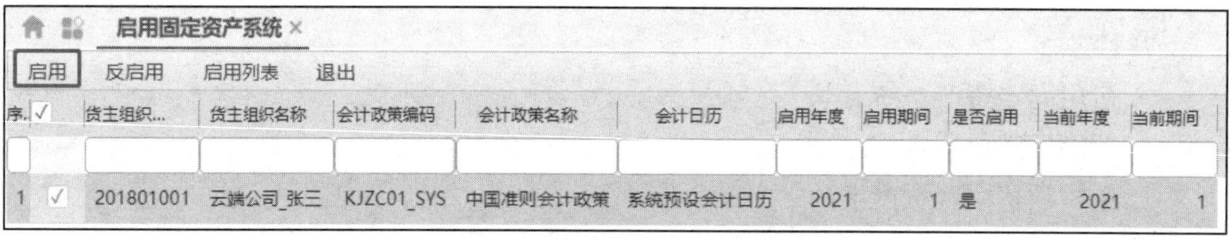

图8-5 启用固定资产系统界面

2. 新增资产位置

会计_张三登录系统,执行【资产管理】—【固定资产】—【基础资料】—【资产位置】命令,单击【新增】按钮,进入资产位置新增界面,新增地址"本部大楼",然后依次单击【保存】【提交】【审核】按钮,如图8-6所示。

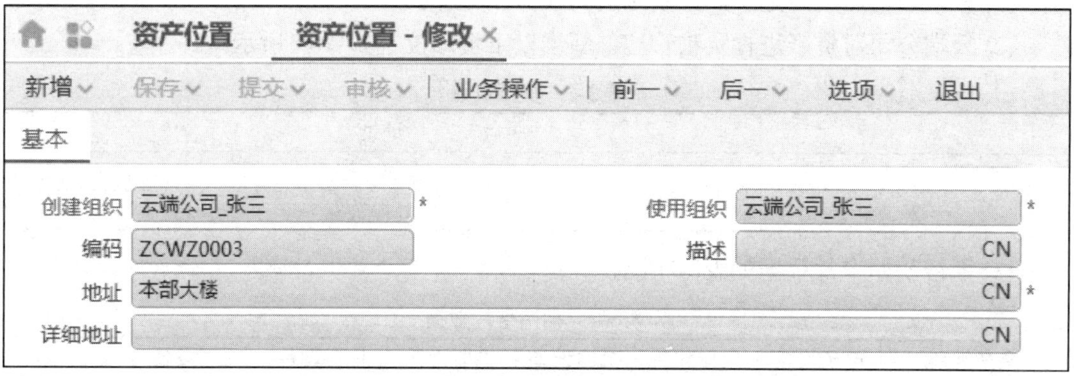

图8-6 固定资产位置新增界面(1)

参照上述步骤,新增并审核实验数据中的"驻外办公室"资产位置,如图8-7所示。

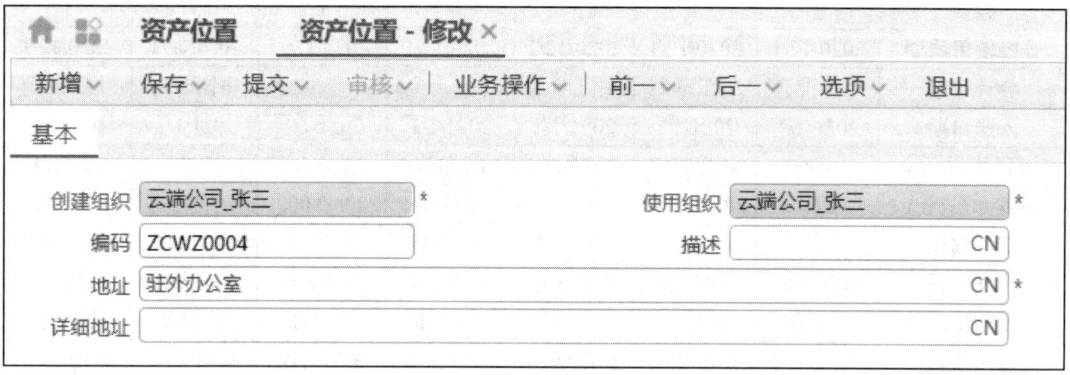

图8-7 固定资产位置新增界面(2)

3. 新增期初固定资产卡片

会计_张三登录系统,执行【资产管理】—【固定资产】—【日常管理】—【初始化卡片】命令,进入初始化卡片列表界面,根据表8-2的实验数据录入卡片信息。以固定资产"打印机"为例,单击【新增】按钮,在"基本信息"页签中,选择资产类别为"电子设备",资产名称为"打印机",计量单位为"台",变动方式为"购入",开始使用日期为"2020/12/1";在"财务信息"页签中,选择会计政策为"中国准则会计政策",入账日期为"2021/1/1",未税成本为"10,000";在"实物信息"页签中,修改资产编码为"201801001.01",并同步使用分配资产编码,选择资产位置为"本部大楼";在"使用分配"页签中,资产编码与"实物信息"页签的资产编码一致,使用部门选择"财务部",费用项目为"折旧费用"。信息录入完成后,依次单击【保存】【提交】【审核】按钮,如图8-8所示。参照上述步骤,根据表8-2的实验数据依次新增其他初始资产卡片,新增完成后,初始化卡片列表如图8-9所示。

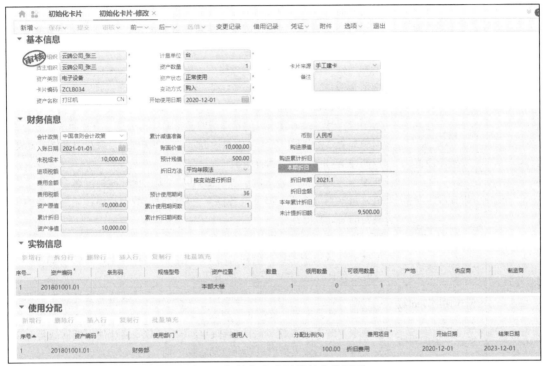

图8-8 初始化卡片新增并审核界面

图8-9 初始化卡片列表界面

固定资产卡片的相关属性说明如表8-3所示。

表8-3 固定资产的相关属性说明

位置	字段	说明
单据头	开始使用时间	实物资产的开始使用日期，建议小于等于资产的入账日期
	初始化	默认不勾选，在货主组织启用时可手工勾选，结账到以后期间时，锁定不可修改；若手工勾选，新增当期的卡片即参与折旧，以后期间按原有逻辑控制；若不勾选，按原有逻辑进行控制
财务信息	会计政策	在资产卡片中输入资产类别信息后，会自动显示该会计政策下，资产类别对应的会计政策中折旧年限、残值、折旧方法等信息
	入账日期	入账日期必须大于或等于固定资产的启用期间
	未税成本	构成资产原值的不含税金额
	资产原值	资产类别设置"原值包含进项税"，则"资产原值=未税成本+进项税额+费用金额+费用税额"；资产类别未设置"原值包含进项税"，则"资产原值=未税成本+费用金额"
	累计折旧	新增卡片时，录入建卡时的累计折旧额；累计折旧是一个变动值，每期折旧额都会更新至对应的卡片中累计折旧；始终保持的是最新的累计折旧额
	资产净值	资产净值=资产原值-累计折旧
	累计减值准备	新增卡片时，录入建卡时的累计减值准备额，累计减值准备是一个变动值，每次新增的累计减值准备都会更新至对应的卡片中；始终保持的是最新的累计减值额
	账面价值	账面价值=资产净值-累计减值准备
	预计残值	根据会计政策中的资产类别适用的残值类型进行处理，残值类型为百分比时，预计残值=资产原值×残值比率
	预计使用期间数	根据会计政策中的资产类别的折旧年限结合会计政策的会计日期的期间类型自动计算出来，支持手工修改
	累计使用期间数	新增卡片时，录入建卡时的累计已使用期间数；累计使用期间数是一个变动值，每期计提折旧成功会自动增加一期
	累计折旧期间数	新增卡片时，录入建卡时的累计已计提折旧期间数；累计使用期间数是一个变动值，每计提一次折旧，累计折旧期间数会自动增加一期
	折旧方法	根据会计政策中的资产类别自动带出，支持手工修改
	按变动进行折旧	此选项只有新增卡片时可设置，累计减值准备大于0时，默认选中，不可以修改；累计减值准备小于0时，可以选择；选中表示会按最新的折旧要素数据计算折旧
	购进原值	用于记录二手资产的原始入账价值
	购进累计折旧	用于记录二手资产的累计折旧
	折旧年期	最近一次的计提折旧的年度期间
	折旧金额	最近一次的计提折旧的折旧金额
	本年累计折旧金额	最近一次的计提折旧时的累计折旧金额
	未计提折旧金额	最近一次的计提折旧时的未提折旧金额
实物信息	资产编码	实物资产的编号具有唯一性，如果对应的资产类别已设置资产编码规则，系统会自动根据资产编码规则递增编码；如果对应的资产类别没有设置资产编码规则，系统则会自动从1递增编码；允许手工修改资产编码

(续表)

位置	字段	说明
使用分配	资产位置	实物资产的存放位置
	供应商	实物资产的供应商
	资产编码	选择实物信息页签存在的资产编码
	使用部门	资产的使用部门
	费用项目	资产折旧费用对应的项目

实验二 资产的日常管理

应用场景

资产的日常管理包括从资产购入企业到资产退出的整个生命周期的管理，可以实现资产新增、资产领用、资产处置、资产盘点的管理功能。

实验步骤

- 新增固定资产卡片。
- 固定资产的领用。
- 资产盘点。
- 固定资产处置。

实验前准备

将系统时间调整为2021年1月，完成以下实验。

实验数据

1. 新增固定资产卡片

新增资产如表8-4所示。

表8-4 资产卡片

资产类别	电子设备	会计政策	中国准则
资产名称	电脑	入账日期	2021/1/31
单位	台	购买单价	5,000元
数量	10	未税成本	50,000元
开始使用日期	2021/1/31	进项税额	6,500元
资产位置	本部大楼	使用年限	3
使用部门	行政部	预计残值	2,500元

2. 固定资产的领用

1月31日，行政部领用本月购进的5台电脑。资产领用单如表8-5所示。

表8-5 资产领用单

领用日期	领用部门	资产名称	数量
2021/1/31	行政部	电脑	5

3. 资产盘点

盘点方案如表8-6所示。

表8-6 盘点方案

盘点方案名称	资产组织	货主组织
2021年1月盘点方案	云端公司_张三	云端公司_张三

1月31日，进行固定资产盘点，盘点数量如表8-7所示。

表8-7 盘点数量表

货主组织	资产类别	资产名称	单位	初盘数量
云端公司_姓名	电子设备	打印机	台	1
云端公司_姓名	房屋建筑	办公大厦	栋	1
云端公司_姓名	机器设备	生产设备	台	1
云端公司_姓名	机器设备	组装设备	台	7
云端公司_姓名	机器设备	电机	台	1
云端公司_姓名	其他设备	办公家具	套	1
云端公司_姓名	电子设备	电脑	台	10
云端公司_姓名	电子设备	电脑	台	4

4. 固定资产处置

1月31日，对盘亏的资产进行处置。固定资产的处置如表8-8所示。

表8-8 固定资产的处置

处置日期	处置方式	资产名称	数量
2021/1/31	盘亏	电脑	1

操作指导

1. 新增资产卡片

会计_张三登录系统，执行【资产管理】—【固定资产】—【日常管理】—【资产卡片】命令，单击【新增】按钮，进入资产卡片新增界面，根据表8-4的实验数据新增固定资产卡片。以"电脑"资产卡片为例，在"基本信息"页签中，选择资产类别为"电子设备"，资产名称为"电脑"，计量单位为"台"，资产数量为"10"，开始使用日期为"2021/1/31"；在"财务信息"页签中，选择会计政策为"中国准则会计政策"，入账日期为"2021/1/31"，未税成本为"50,000"，进项税额为"6,500"，预计残值为"2,500"，预计使用期间为"36"；在"实物信息"页签中，录入资产编码为"201801001.08"，资产位置为"本部大楼"，数量为"10"；在"使用分配"页签中，录入资产编码为"201801001.08"，使用部门选择"行政部"，费用项目为"折旧费用"。信息录入完成后，依次单击【保存】【提交】【审核】按钮，如图8-10所示。

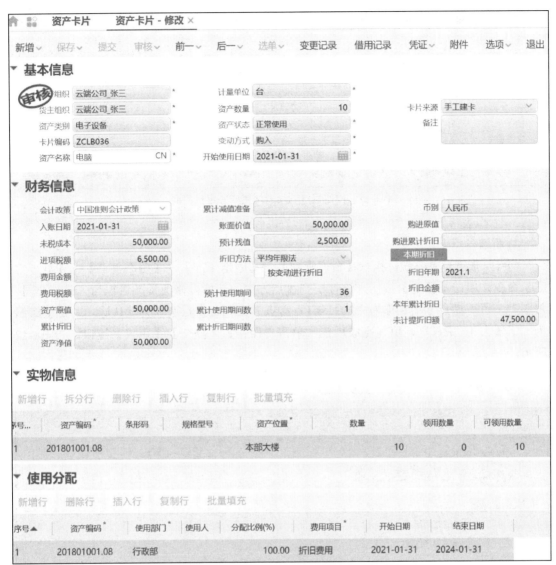

图8-10 资产卡片新增并审核界面

2. 固定资产的领用

会计_张三登录系统，执行【资产管理】—【固定资产】—【日常管理】—【资产领用】命令，进入资产领用列表界面，单击【新增】按钮，进入资产领用单新增界面，修改领用日期为"2021/1/31"，选择资产编码为当月新增的电脑资产编码"201801001.08"，选择资产编码后系统会自动带出卡片编码、资产名称、资产类别、计量单位、可领用数量等相关信息，领用数量录入"5"，领用部门选择"行政部"，信息录入完成后，依次单击【保存】【提交】【审核】按钮，如图8-11所示。

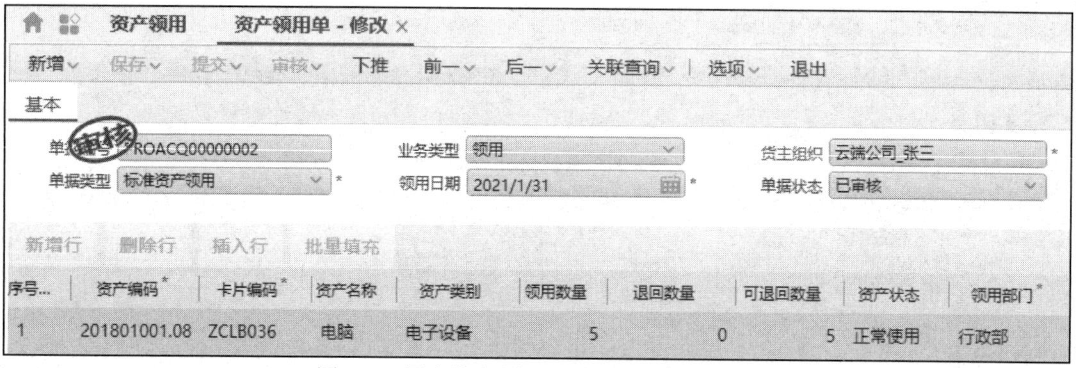

图8-11 固定资产领用新增完成并审核界面

3. 资产盘点

1) 新增盘点方案

会计_张三登录系统，执行【资产管理】—【固定资产】—【资产盘点】—【盘点方案】命令，单击【新增】按钮，进行资产盘点方案的新增，修改资产组织为"云端公司_张三"，填写盘点方案名称为"2021年1月盘点方案"，盘点选项为默认选项，货主组织为"云端公司_张三"，填写完成后依次单击【保存】【提交】【审核】按钮，如图8-12所示。

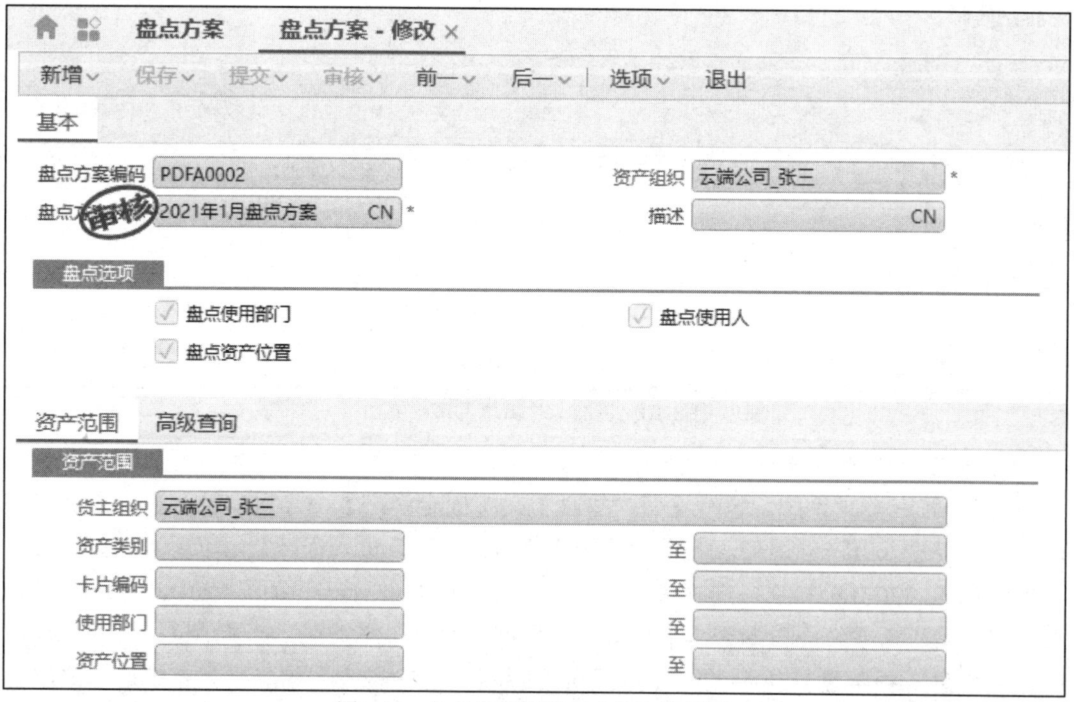

图8-12 盘点方案新增完成并审核界面

2) 生成盘点表

会计_张三登录系统，执行【资产管理】—【固定资产】—【资产盘点】—【盘点方案】命令，选择已审核的盘点方案，单击【生成盘点表】按钮，生成盘点表，如图8-13所示。

图8-13 盘点方案生成盘点表

3) 盘点资产

会计_张三进行盘点,发现少了一台电脑,于是登录系统,执行【资产管理】—【固定资产】—【资产盘点】—【资产盘点表】命令,选择上述生成的资产盘点表,进入资产盘点表修改界面。根据表8-7的实验数据录入初盘数量,其中电脑的初盘数量为4台,信息录入完成后,依次单击【保存】【提交】【审核】按钮,如图8-14所示;可选择是否复盘,本案例不进行复盘,系统将根据盘点结果自动生成盘盈盘亏单。

图8-14 资产盘点表修改界面

4) 盘盈盘亏单

会计_张三执行【资产管理】—【固定资产】—【资产盘点】—【盘盈盘亏单】命令,查看资产盘点自动生成的盘亏单,确认无误后,依次单击【提交】【审核】按钮,如图8-15所示。

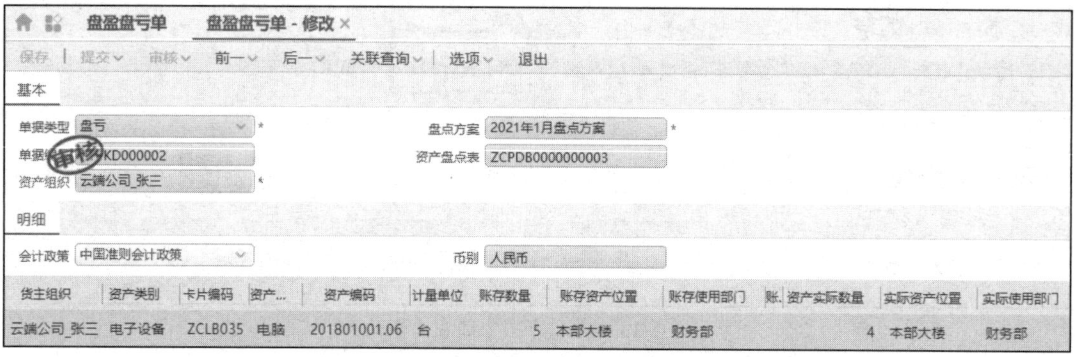

图8-15 盘盈盘亏单审核界面

4. 固定资产处置

会计_张三进行盘盈盘亏审核后,在盘盈盘亏单列表界面,选择已审核的盘亏单,单击【下推】按钮,下推生成资产处置单,修改业务日期为"2021/1/31",处置币别为"人民币",确认其他信息无误后,依次单击【保存】【提交】【审核】按钮,如图8-16所示。

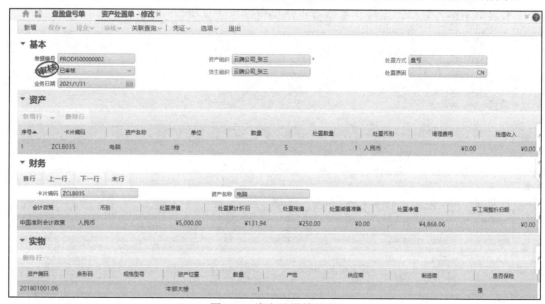

图8-16 资产处置单界面

实验三 资产的折旧管理

应用场景

系统自动列示需要计提折旧的货主组织、会计政策、当前会计年期信息,按货主及会计期间对固定资产进行折旧。

实验前准备

货主组织启用固定资产系统;资产卡片已审核。

实验数据

会计_张三对云端公司固定资产进行计提折旧，生成折旧调整单。

操作指导

会计_张三登录系统，执行【资产管理】—【固定资产】—【折旧管理】—【计提折旧】命令，进入计提折旧的向导界面，选择货主组织为"云端公司_张三"，选择当前会计年期为"2021年1期"，单击【计提折旧】按钮，如图8-17、图8-18所示。

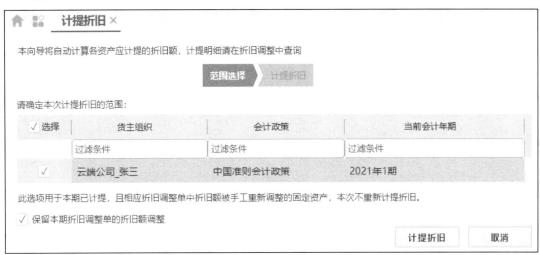

图8-17 计提折旧的向导界面(1)

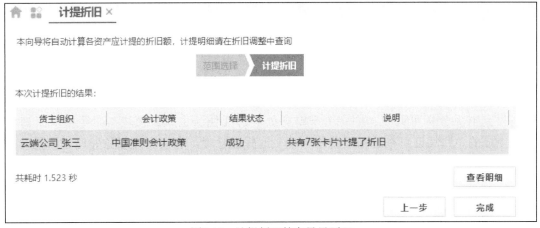

图8-18 计提折旧的向导界面(2)

折旧完成后，系统会自动生成"折旧调整单"，会计_张三执行【资产管理】—【固定资产】—【折旧管理】—【折旧调整单】命令，查看折旧调整单，确认无误后，依次单击【保存】【提交】【审核】按钮，如图8-19所示。

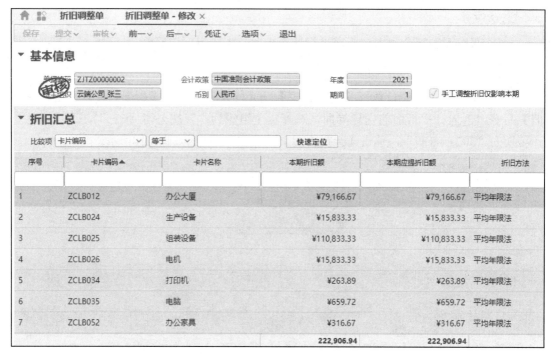

图8-19 折旧调整单

实验四 财务处理

应用场景

固定资产财务处理的【凭证生成】功能，方便用户进行特定系统内的凭证生成操作，并清晰展现生成凭证的详情。通过设置账簿、核算体系、期间及生成凭证的执行方式，选择对应的单据，系统可生成业务凭证和总账凭证，同时支持凭证与业务单据的联查，做到财务分析可追溯；固定资产财务处理的【凭证生成】模块与总账模块紧密集成，生成的总账凭证可在总账系统进行统一地凭证管理，有效提高账务处理工作的质量和效率。

实验步骤

- 凭证生成。
- 凭证查询。

实验数据

会计_张三对云端公司当期发生的业务单据进行凭证生成，生成的三张凭证如表8-9所示。

表8-9 凭证生成情况

序号	业务描述	会计科目	借方金额	贷方金额
1	卡片生成	固定资产	50,000	—
		应交税费-应交增值税(进项税额)	6,500	—
		应付账款-暂估应付款	—	56500
2	计提折旧	管理费用	80,406.95	—
		制造费用	142,499.99	—
		累计折旧	—	222,906.94
3	资产盘亏	固定资产清理	4,868.06	—
		累计折旧	131.94	—
		固定资产	—	5,000.00

操作指导

1. 凭证生成

会计_张三登录系统，执行【资产管理】—【固定资产】—【财务管理】—【凭证生成】命令，勾选"云端公司_张三"账簿，期间为"2021/1"，执行方式为"单据同时生成业务和总账凭证"；在"选择单据"页签中，来源单据勾选"折旧调整单""资产卡片""资产处置单"，在"资产卡片"的单据范围选择当期新增的资产卡片，相应的总账凭证的生成方式选择"匹配汇总"。"折旧调整单"和"资产处置单"选择总账凭证的生成方式为"一对一"，如图8-20所示。

注意：

来源单据勾选"资产卡片"后，需要在单据范围中选择要生成凭证的卡片信息，注意要选择的是本月录入的新购10台电脑后创建的资产卡片，其他初始化的资产卡片不需要选择。

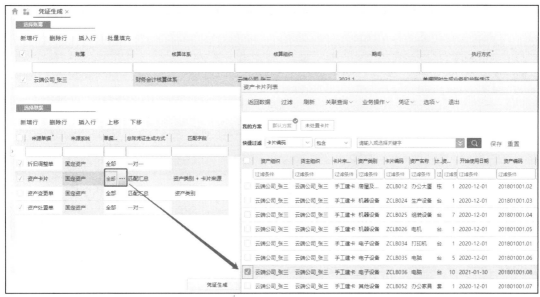

图8-20 凭证生成界面

单击【凭证生成】按钮后，系统会自动生成"凭证生成报告列表"，可查看业务单据生成业务凭证和总账凭证的情况，如图8-21所示。

图8-21 凭证生成报告列表界面

2. 凭证查询

凭证生成后，会计_张三执行【资产管理】—【固定资产】—【账务处理】—【业务凭证查询】命令，可查看业务凭证具体情况，如图8-22所示。

图8-22 业务凭证查询界面

会计_张三执行【资产管理】—【固定资产】—【账务处理】—【总账凭证查询】命令，可查看总账凭证具体情况，如图8-23所示。

图8-23 总账凭证查询界面

实验五　期末结账

应用场景

固定资产系统的期末处理主要包括结账、反结账功能。与启用期间设置同理，货主组织也是按会计政策来进行结账和反结账的。期间范围由会计政策中的会计日历来决定。固定资产进行结账处理，主要是为了将资产业务中的财务数据按期间传递至总账。

实验前准备

启用固定资产系统；
当前期间资产卡片、资产领用单、资产处置单、折旧调整单全部已审核；
盘亏单已处置本期需要计提折旧的资产已全部计提折旧。

实验数据

月底，会计_张三对云端公司的固定资产系统进行结账处理。

操作指导

会计_张三登录系统，执行【资产管理】—【固定资产】—【期末处理】—【结账】命令，进入结账界面。选择操作类型为"结账"，勾选货主组织为"云端公司_张三"，单击【开始】按钮进行期末结账，如图8-24所示。

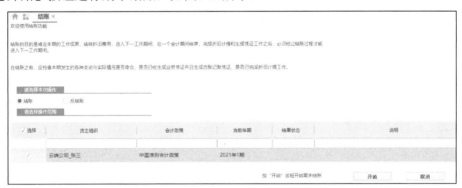

图8-24　结账操作界面

结账完成后当前年期变为"2021年2期"，结果状态为"成功"，如图8-25所示。

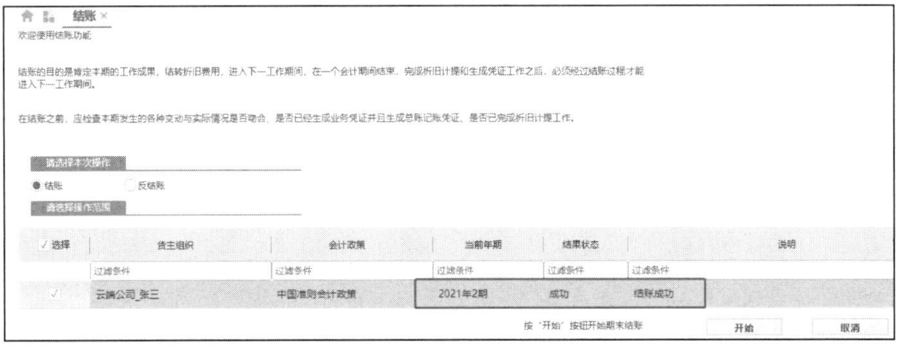

图8-25　期末结账完成界面

注意：

在本数据中心下全部组织都完成计提折旧实验后，才可以进行期末结账的实验操作。

实验六　报表查询

应用场景

固定资产报表增加了按使用部门分组汇总的功能。涉及调整的报表有：资产价值清单、资产价值变动表、折旧明细表、折旧汇总表、折旧费用分配表。

操作指导

会计_张三登录系统，执行【资产管理】—【固定资产】—【管理报表】—【资产实物清单】命令，弹出过滤窗口对话框，以查询入账日期“2021/1/1”为例，选择需要查询的资产组织和货主组织，单击【确定】按钮，进入资产实物清单界面，系统列出了查询资产组织或货主组织在某一具体时点的资产实物状况，可以从组织、资产类别、使用部门、变动方式等多维度查看资产的实物状况信息，如图8-26所示。

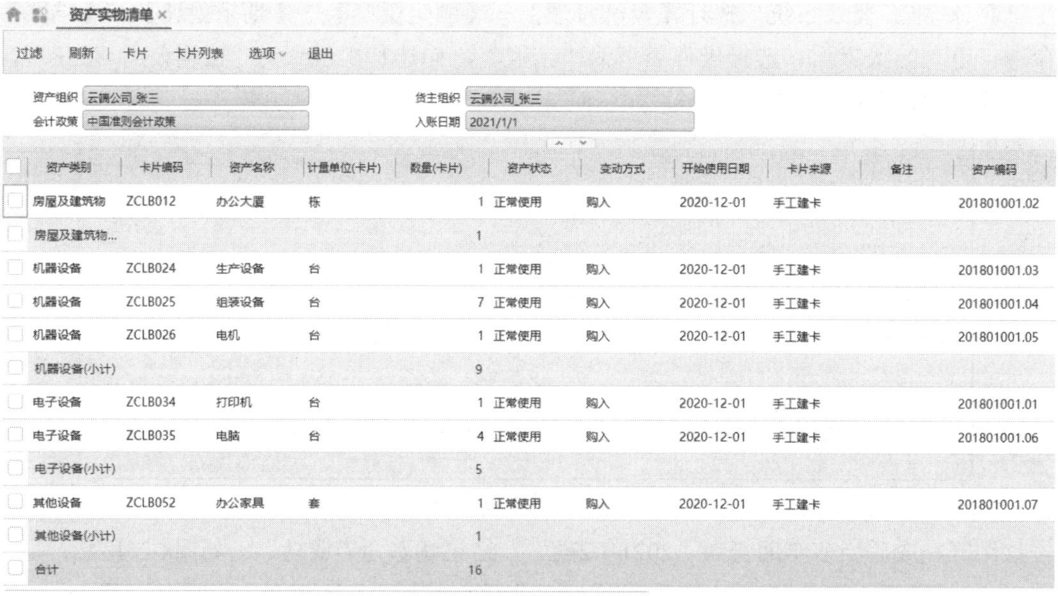

资产类别	卡片编码	资产名称	计量单位(卡片)	数量(卡片)	资产状态	变动方式	开始使用日期	卡片来源	备注	资产编码
房屋及建筑物	ZCLB012	办公大厦	栋	1	正常使用	购入	2020-12-01	手工建卡		201801001.02
房屋及建筑物...				1						
机器设备	ZCLB024	生产设备	台	1	正常使用	购入	2020-12-01	手工建卡		201801001.03
机器设备	ZCLB025	组装设备	台	7	正常使用	购入	2020-12-01	手工建卡		201801001.04
机器设备	ZCLB026	电机	台	1	正常使用	购入	2020-12-01	手工建卡		201801001.05
机器设备(小计)				9						
电子设备	ZCLB034	打印机	台	1	正常使用	购入	2020-12-01	手工建卡		201801001.01
电子设备	ZCLB035	电脑	台	4	正常使用	购入	2020-12-01	手工建卡		201801001.06
电子设备(小计)				5						
其他设备	ZCLB052	办公家具	套	1	正常使用	购入	2020-12-01	手工建卡		201801001.07
其他设备(小计)				1						
合计				16						

图8-26　资产实物清单

用户可根据需要查询的资产维度，查看其他相关报表，如：资产价值变动表、折旧明细表、折旧汇总表、资产领用结存表等。

第 9 章　总账及期末业务

9.1　系统概述

总账系统是财务会计系统中最核心的系统，它以凭证处理为中心，进行账簿报表的管理。它可与各个业务系统无缝衔接，实现数据共享。企业所有的核算最终都要在总账中体现。

总账系统主要是进行凭证账簿管理的系统，它提供了凭证的录入、查询、审核、修改、删除、记账(过账)、总分类账查询、明细分类账查询、核算维度明细账查询、自动转账、期末自动调汇、期末自动结账损益、期末结账等功能。

9.2　实验练习

本节案例数据以学号为201801001的学生张三为例，进行后续全部实验操作。

总账及期末业务

实验一　日常凭证处理

应用场景

财务人员最日常的财务处理即按照《中华人民共和国会计法》的要求，根据原始单据制作会计凭证，并登记到相应的会计账簿中，月末将会计凭证进行科目汇总，并试算平衡后登记总账，最终编制会计报表。

在会计信息系统中，最主要的工作即是制作会计凭证，登记会计账簿、科目汇总等可以由信息系统自动完成。

实验步骤

- 凭证录入。
- 凭证复核及现金流量指定。

□ 凭证审核。

操作部门及人员

云端公司会计_张三负责每月的凭证制作，出纳_张三负责出纳复核，财务经理_张三负责审核凭证。月底由会计_张三负责所有凭证过账处理并结转本期损益，财务经理审核损益凭证后，会计_张三生成资产负债表、现金流量表、利润表。

实验数据

2021年1月，云端公司发生以下业务：

(1) 2020年12月，云端公司与米小科技公司签订股权合作协议，米小科技公司拟以土地使用权作价入股云端公司，土地用途为仓储用地，土地面积为2,000.3平方米，约定价值300,000元。2021年1月1日，双方已办妥产权转移手续，会计_张三根据业务背景录入凭证。

(2) 1月5日，生产部领用原材料用于生产智能机器人，生产成本按照费用类型进行核算。其中智能芯片26pcs，单价3,000元；主控系统26pcs，单价500元；酷炫外壳48pcs，单价500，会计_张三根据业务背景录入凭证。

(3) 1月31日，云端公司购买的100万股交易性金融资产的公允价值从每股4.24元上升为每股4.50元，会计_张三确认公允价值变动损益后录入凭证。

(4) 1月31日，行政部将收到的价值300,000元的土地使用权无形资产按照20年进行摊销，会计_张三根据业务背景录入凭证。

(5) 1月31日，计提本月短期借款利息4,166.67元，会计_张三录入凭证。

(6) 1月31日，财务部将本月车间发生的电费30,470元计入制造费用，冲抵暂估应付款，会计_张三录入凭证。

(7) 1月31日，计提本月应付职工薪酬，其中生产部工人的工资为797,609.39元，生产部管理人员的工资为43,500元，行政部工资为65,789.32元，财务部工资为80,234.56元，采购部工资为25,876.88元，销售部工资为30,982.05元，会计_张三录入凭证。

(8) 1月31日，结转制造费用。其中，生产部管理人员的工资为43,500元，生产部水电费30,470元，生产部折旧费用142,499.99元，生产部组装费用2,000元，生产部拆卸费用3,000元，会计_张三录入凭证。

(9) 1月31日，生产部26台完工产品入库，生产成本按照费用类型进行结转。其中，13台自动驾驶机器人R型的成本为567,539.69元，13台自动驾驶机器人S型的成本为566,539.69元，会计_张三录入凭证。

(10) 1月31日，结转本月销售成本。其中，自动驾驶机器人R型的成本为47,081.90元/台，数量47台；自动驾驶机器人S型的成本为43,444.00元/台，数量58台。会计_张三录入凭证。

(11) 1月31日，本期原材料到库冲抵暂估应付款。其中智能芯片7pcs，单价3,000元；主控系统8pcs，单价500元；酷炫外壳8pcs，单价500元。会计_张三根据业务背景录入凭证。

(12) 1月31日，结转本期进项税额13949.39元，会计_张三录入凭证。

(13) 1月31日，结转本期销项税额884,690.26元，会计_张三录入凭证。

(14) 1月31日，计提附加税。其中，城市维护建设税60,811.86元，教育费附加26,062.23元，地方教育费附加17,374.82元。会计_张三录入凭证。

(15) 1月31日，财务部将盘亏资产的待处理财产损溢4,868.06元计入营业外支出。会计_张三录入凭证。

操作指导

1. 凭证录入

会计_张三登录系统，执行【财务会计】—【总账】—【凭证管理】—【凭证录入】命令，进入凭证新增界面，按照提供的实验数据逐笔正确录入记账凭证。

业务1：收到土地使用权投资。土地使用权属于无形资产，因此企业收到土地使用权投资后，"无形资产"科目借方增加，同时"实收资本"科目贷方增加。会计_张三在凭证录入界面修改日期为"2021/1/1"，录入摘要为"收到土地使用投资"，在第一行，科目编码选择"1701"，科目全名为"无形资产"，借方金额为"¥300,000"，在第二行，科目编码选择"4001"，科目全名为"实收资本"，贷方金额为"¥300,000"，录入完成后，单击【保存】按钮完成凭证制作，如图9-1所示。

图9-1　凭证录入(1)

业务2：领用原材料。生产部门领用原材料用于生产，使得生产成本增加，原材料减少。对应"生产成本"的各项明细科目记在借方；对应"原材料"的各项明细科目记在贷方。会计_张三在凭证录入界面修改日期为"2021/1/5"，摘要为"生产部领用原材料"，科目编码选择业务涉及的科目，系统会自动带出科目全名，核算维度选择业务对应的维度数据，输入正确的数量，在借方、贷方输入对应的金额，录入完成后单击【保存】按钮，完成凭证制作，如图9-2所示。

图9-2 凭证录入(2)

参考上述两笔业务的业务说明及操作步骤,根据发生业务的实验数据录入其他13笔业务的凭证信息。

每笔业务的业务说明如下:

业务3:交易性金融资产公允价值上涨时,"交易性金融资产"增加值记在借方,"公允价值变动损益"增加值记在贷方。

业务4:无形资产摊销是对无形资产原价在其有效期限内摊销的方法。无形资产摊销一般采用直线法。摊销时"管理费用"记在借方,"累计摊销"记在贷方。

业务5:短期借款是负债类科目。月计提短期借款利息时,财务费用和负债同时增加。"财务费用_利息支出"记在借方,"应付利息"记在贷方。

业务6:车间发生的电费计入制造费用,冲抵暂估应付款,造成制造费用增加,负债增加。"制造费用"记在借方,"应付账款_暂估应付款"记在贷方。

业务7:计提本月应付职工薪酬,实际并未付款,使得应付职工薪酬增加,同时生产车间工人的工资计入生产成本,车间管理人员的工资计入制造费用,行政部、财务部、采购部的工资计入管理费用,销售部的工资计入销售费用。"生产成本""费用_工资"记在借方,"应付职工薪酬"记在贷方。

业务8:结转制造费用指制造费用月末分配到生产成本中去。"制造费用"账户属于成本费用类账户,借方登记归集发生的制造费用,贷方反映制造费用的分配,月末一般无余额。"生产成本_其他"记在借方,"制造费用"记在贷方。

业务9:期末将生产成本按完工产品、未完工产品(在产品)进行计算分配,将已完工的产品部分的生产成本结转入库存商品(产成品)。"库存商品"记在借方科目,"生产成本"记在贷方科目。

业务10:销售商品确认收入后,根据商品的单位成本及数量确认主营业务成本。"主营业务成本"记在借方,"库存商品"记在贷方。

业务11：公司购入材料验收入库，但货款尚未支付，则"原材料"记在借方，"应付账款_暂估应付款"记在贷方。

业务12：月末要把进项税、销项税一起进行结转，这样才能计算本期应交税额。"应交税费_未交增值税"记在借方，"应交税费_应交增值税_进项税额"记在贷方。

业务13：月末要把进项税、销项税一起进行结转，这样才能计算本期应交税额。"应交税费_应交增值税_销项税额"记在借方，"应交税费__未交增值税"记在贷方。

业务14：城建税=本月应交增值税×7%；教育费附加=本月应交增值税×3%；地方教育费附加=本月应交增值税×2%。"税金及附加"记在借方；"应交税费"记在贷方。

业务15：财务部将盘亏资产的待处理财产损溢计入营业外支出。"营业外支出"记在借方，"待处理资产损溢"记在贷方。

注意：

(1) 在录入凭证分录的备注信息时，可从基础资料摘要库中选择，也可手工录入。

(2) 对于提现等一些只涉及金额变动的会计凭证，可以使用模式凭证来加速会计凭证的制作。即将常用凭证的摘要和科目等内容保存为模式凭证，制作凭证时调入模式凭证，修改相关内容后，保存即可。

(3) 录入凭证时，可以通过按F8键来查询科目代码等相关信息。

(4) 当会计科目设置外币核算时或选中工具栏"选项"菜单组下的【外币】时，系统默认显示账簿的记账本位币、默认汇率类型和汇率。如果勾选了总账系统参数<凭证中的汇率允许手工修改>，则用户可以修改汇率；否则，只能使用汇率体系中的汇率信息。

(5) 如果制作的凭证错误，在未审核前可以直接修改；如果已审核但没过账(登账)，则可以反审核；如果已过账，则可以用"凭证冲销"功能，先生成一张红字凭证，再手工制作一张蓝字凭证。错误的凭证也可以直接删除。删除是不可逆操作，删除后无法恢复。已审核后且过账的凭证不能删除。

2. 凭证复核及现金流量指定

出纳_张三登录系统，执行【财务会计】—【总账】—【凭证管理】—【出纳复核】命令，进入凭证复核界面。勾选列表的所有凭证，依次单击【提交】—【出纳复核】按钮完成凭证复核操作，如图9-3所示。

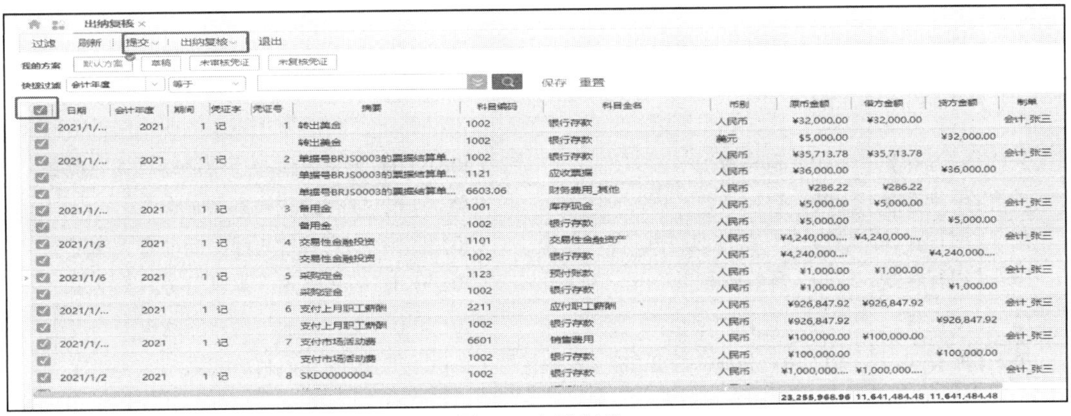

图9-3 出纳复核

凭证复核后，出纳_张三执行【财务会计】—【出纳管理】—【账务处理】—【总账凭证查询】命令，逐一勾选跟货币资金相关的凭证进行现金流量的指定。本实验以"2021/1/2收到招商银行短期借款"为例，勾选该凭证，单击【现金流量】按钮，进入现金流量指定界面时，单击【自动指定】按钮，系统根据凭证分录的业务分类自动拆分并匹配现金流量科目及其对方科目，并自动计算对方科目的流量金额，也可以手工进行调整；主表项目勾选为"取得借款收到的现金"，调整完成后，单击【确定】按钮，如图9-4所示。

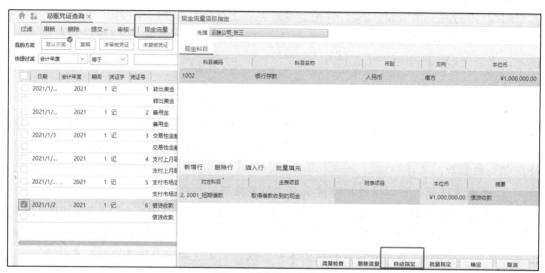

图9-4 现金流量的指定

参照上述操作，完成其他凭证的现金流量指定。其他凭证现金流量指定详情如表9-1所示。

表9-1 现金流量指定

凭证号	科目名称	对应科目	主表/附表项目
2	银行存款	页签"现金科目"： 2.1121_应收票据	【主表项目】CI01.01.01_销售商品、提供劳务收到的现金
		页签"损益科目"： 2.1121_应收票据	【附表项目】CI05.01.09_财务费用
4	银行存款	1.1101_交易性金融资产	CI02.02.02_投资支付的现金
5	银行存款	1.1123_预付账款	CI01.02.01_购买商品、接受劳务支付的现金
6	银行存款	1.2211_应付职工薪酬	CI01.02.02_支付给职工以及为职工支付的现金
7	银行存款	1.6601_销售费用	CI01.02.04_支付其他与经营活动有关的现金
8	银行存款	2.2001_短期借款	CI03.01.02_取得借款收到的现金
9	银行存款	2.2241.01_其他应付款_客户往来	CI01.01.03_收到其他与经营活动有关的现金
10	银行存款	2.2203_预收账款	CI01.01.01_销售商品、提供劳务收到的现金
12	银行存款	2.2241.01_其他应付款_客户往来	CI01.02.04_支付其他与经营活动有关的现金
20	库存现金	2.1221.03_其他应收款_员工往来	CI01.01.03_收到其他与经营活动有关的现金
21	银行存款	2.1122_应收账款	CI01.01.01_销售商品、提供劳务收到的现金

(续表)

凭证号	科目名称	对应科目	主表/附表项目
22	银行存款	2.1122_应收账款	CI01.01.01_销售商品、提供劳务收到的现金
31	银行存款	1.1221.02_其他应收款_供应商往来	CI01.02.04_支付其他与经营活动有关的现金
32	银行存款	2.2241.01_其他应付款_供应商往来	CI01.02.04_支付其他与经营活动有关的现金
33	银行存款	1.2202.02_应付账款_明细应付款	CI01.02.01_购买商品、接受劳务支付的现金
34	银行存款	1.2202.02_应付账款_明细应付款	CI01.02.01_购买商品、接受劳务支付的现金
35	银行存款	2.2241.01_其他应付款_员工往来	CI01.02.04_支付其他与经营活动有关的现金
36	银行存款	2.1221.02_其他应收款_供应商往来	CI01.01.03_收到其他与经营活动有关的现金

注意：

(1) 如果总账系统参数勾选了<凭证过账前必须出纳复核>，则在凭证过账前，出纳要复核待过账凭证。因用户实际应用情况的多样化，系统对出纳复核与凭证审核之间的顺序未做强制性规定，用户可以对任何可修改状态的凭证进行出纳复核操作。

(2) 打开凭证管理的出纳复核功能，选中需要进行出纳复核的凭证，用户可以单击工具栏的【查看】按钮，确认凭证信息无误后，在界面单击【出纳复核】按钮，系统自动在凭证的"出纳"处签上当前操作用户的名称。单张凭证进行出纳复核时，允许修改结算方式和结算号，其他字段不允许修改。

(3) 用户如需取消出纳复核，选中已进行出纳复核的凭证，单击工具栏的【取消复核】按钮，系统调出凭证复核界面，用户在该界面单击【取消复核】按钮，系统自动取消凭证的出纳签章。需要注意的是，取消出纳复核的操作员必须与凭证的出纳复核操作员一致。

3. 凭证审核

财务经理_张三登录系统，执行【财务会计】—【总账】—【凭证管理】—【凭证审核】命令，进入凭证审核界面。勾选所有凭证，依次单击【提交】—【审核】按钮，完成凭证审核操作，如图9-5所示。凭证审核后不能修改，如需修改则须反审核对应的凭证。

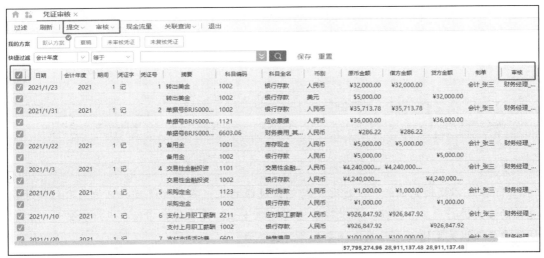

图9-5 凭证审核

实验二　期末处理

应用场景

完成当月全部业务处理,并保证其他财务模块发生的业务都生成凭证后才可以进行总账的期末处理工作。

实验步骤

- 凭证过账。
- 结转损益。
- 期末结账。

实验前准备

- 使用教师提供的数据中心:云端公司一组。
- 本实验需要在固定资产、应收款、应付款、出纳管理几个模块的业务全部完成之后再进行。

实验数据

1月31日,将所有凭证过账,并将所有损益类科目实际发生额结转本年利润科目中。

操作指导

1. 凭证过账

会计_张三登录系统,执行【财务会计】—【总账】—【凭证管理】—【凭证过账】命令,打开凭证过账界面。如图9-6所示,勾选需要过账的账簿并设置过账范围后单击【过账】按钮,完成账簿凭证的过账操作。

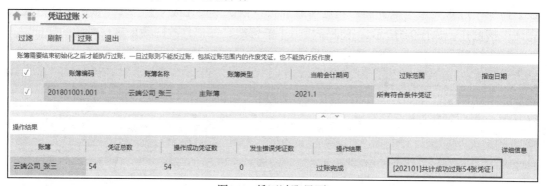

图9-6　凭证过账界面

注意:

(1) 系统不提供凭证的"反过账"功能,过账的凭证不允许修改,只能采取红字冲销凭证的方式进行更正。因此,在过账前应对记账凭证的内容仔细审核,系统只能检验记账凭证中的数据关系错误,而无法检查业务逻辑关系。

(2) 系统提供多种凭证过账模式，用户可以执行批量过账操作，也可以手工选择个别凭证执行相关操作。

2. 结转损益

会计_张三登录系统，执行【财务会计】—【总账】—【期末处理】—【结转损益】命令，单击【新增】按钮，进入结转损益新增界面，修改名称为"结转损益"，执行方式为"手动"，凭证日期方式为"当前期间最后一天"，凭证类型选择"损益"，凭证生成方式选择"按普通方式结转"，原有结转损益凭证处理方式选择"删除已结转凭证"，本次生成结转损益凭证处理方式选择"不做任何操作"，核对结转科目正确无误后单击【保存】按钮，然后单击【执行】按钮，如图9-7所示；系统会自动生成损益凭证，可单击【联查凭证】按钮查看生成的凭证，并提交凭证，如图9-8所示。

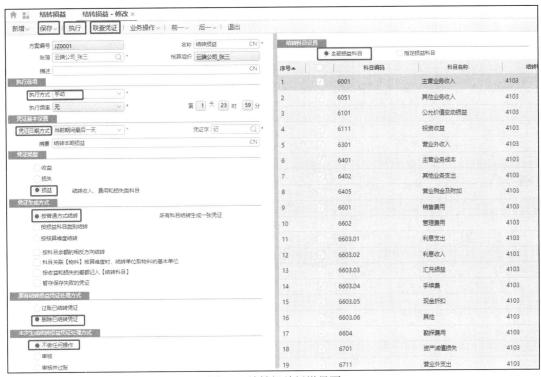

图9-7　结转损益新增界面

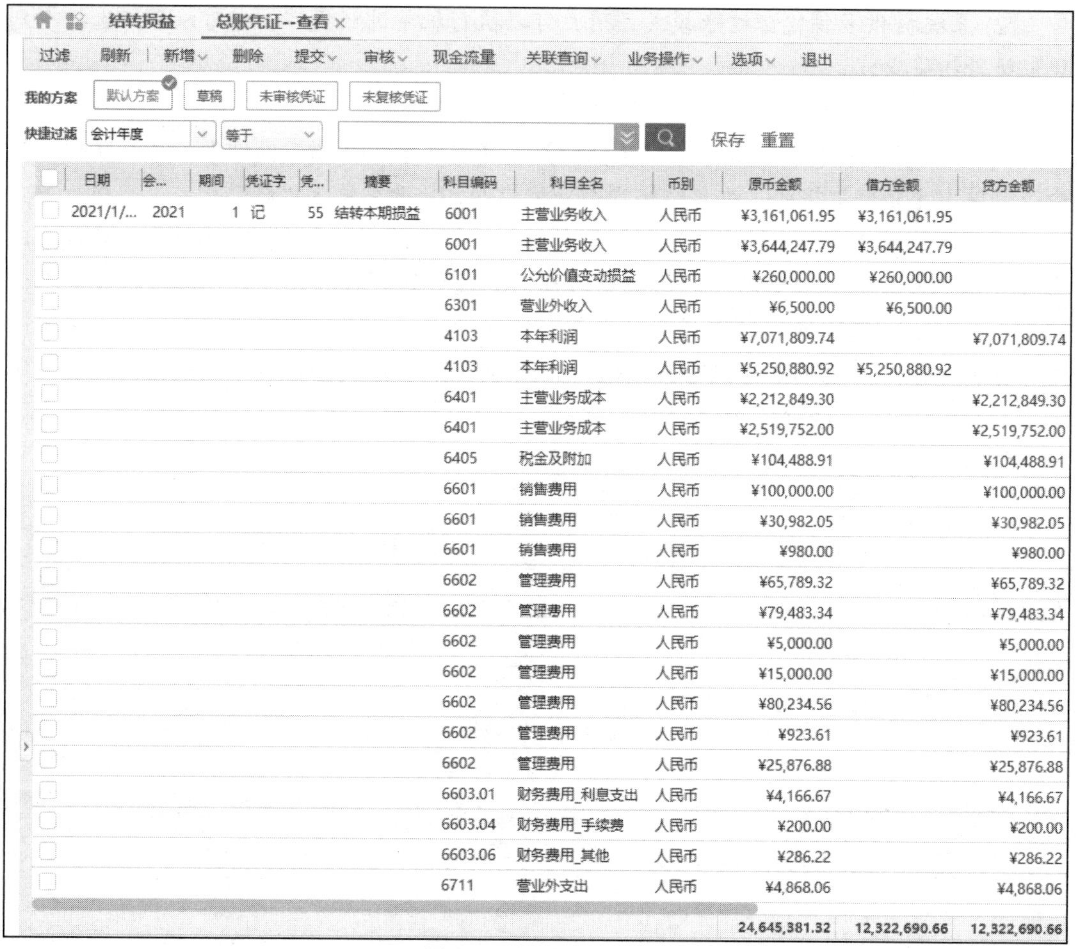

日期	会...	期间	凭证字	凭...	摘要	科目编码	科目全名	币别	原币金额	借方金额	贷方金额
2021/1/...	2021	1	记	55	结转本期损益	6001	主营业务收入	人民币	¥3,161,061.95	¥3,161,061.95	
						6001	主营业务收入	人民币	¥3,644,247.79	¥3,644,247.79	
						6101	公允价值变动损益	人民币	¥260,000.00	¥260,000.00	
						6301	营业外收入	人民币	¥6,500.00	¥6,500.00	
						4103	本年利润	人民币	¥7,071,809.74		¥7,071,809.74
						4103	本年利润	人民币	¥5,250,880.92	¥5,250,880.92	
						6401	主营业务成本	人民币	¥2,212,849.30		¥2,212,849.30
						6401	主营业务成本	人民币	¥2,519,752.00		¥2,519,752.00
						6405	税金及附加	人民币	¥104,488.91		¥104,488.91
						6601	销售费用	人民币	¥100,000.00		¥100,000.00
						6601	销售费用	人民币	¥30,982.05		¥30,982.05
						6601	销售费用	人民币	¥980.00		¥980.00
						6602	管理费用	人民币	¥65,789.32		¥65,789.32
						6602	管理费用	人民币	¥79,483.34		¥79,483.34
						6602	管理费用	人民币	¥5,000.00		¥5,000.00
						6602	管理费用	人民币	¥15,000.00		¥15,000.00
						6602	管理费用	人民币	¥80,234.56		¥80,234.56
						6602	管理费用	人民币	¥923.61		¥923.61
						6602	管理费用	人民币	¥25,876.88		¥25,876.88
						6603.01	财务费用_利息支出	人民币	¥4,166.67		¥4,166.67
						6603.04	财务费用_手续费	人民币	¥200.00		¥200.00
						6603.06	财务费用_其他	人民币	¥286.22		¥286.22
						6711	营业外支出	人民币	¥4,868.06		¥4,868.06
									24,645,381.32	12,322,690.66	12,322,690.66

图9-8　联查损益凭证

财务经理_张三登录系统，执行【财务会计】—【总账】—【凭证管理】—【凭证审核】命令，过滤方案选择“未审核凭证”，然后勾选结转损益凭证，单击【审核】按钮，如图9-9所示。

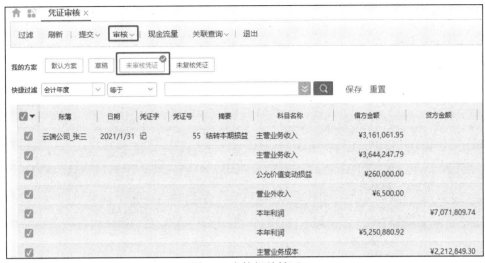

图9-9 审核损益凭证

会计_张三登录系统,执行【财务会计】—【总账】—【凭证管理】—【凭证过账】命令,打开凭证过账界面。勾选需要过账的账簿并设置过账范围后单击【过账】按钮,完成损益凭证的过账操作,如图9-10所示。

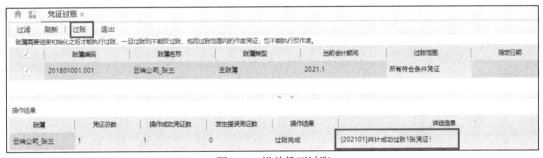

图9-10 损益凭证过账

注意:

损益类科目结转到本年利润必须使用系统提供的结转损益功能,否则将影响损益表的正确性。

会计_张三登录系统,执行【财务会计】—【总账】—【凭证管理】—【凭证汇总表】命令,弹出过滤窗口对话框,选择需要查询的账簿,币别选择"综合本位币",日期区间为"2021年1月1日至2021年1月31日",勾选"记"字凭证,单击【确定】按钮,进入凭证汇总表界面,可查看对应账簿在指定期间会计科目的借贷方发生额总数,如图9-11所示。

凭证汇总表界面

科目编码	科目名称	借方金额	贷方金额
1001	库存现金	5,500.00	
1002	银行存款	5,232,513.78	5,927,827.92
1101	交易性金融资产	4,500,000.00	
1121	应收票据	36,000.00	36,000.00
1122	应收账款	7,690,000.00	4,036,000.00
1123	预付账款	1,000.00	
1221	其他应收款	41,500.00	5,500.00
1231	坏账准备	50,000.00	
1401	材料采购		30,000.00
1403	原材料	29,000.00	115,000.00
1405	库存商品	1,134,079.38	4,732,601.30
1601	固定资产	50,000.00	
1602	累计折旧	131.94	222,906.94
1701	无形资产	300,000.00	
1702	累计摊销		15,000.00
1901	待处理财产损溢	4,868.06	4,868.06
2001	短期借款		1,000,000.00
2202	应付账款	661,380.51	180,799.90
2203	预收账款		200,000.00
2211	应付职工薪酬	926,847.92	1,043,992.20
2221	应交税费	912,589.04	1,887,818.82
2231	应付利息		4,166.67
2241	其他应付款	13,980.00	20,980.00
4001	实收资本		300,000.00
4103	本年利润	5,250,880.92	7,071,809.74
5001	生产成本	1,134,079.38	1,134,079.38
5101	制造费用	221,469.99	221,469.99
6001	主营业务收入	6,805,309.74	6,805,309.74
6101	公允价值变动损益	260,000.00	260,000.00
6301	营业外收入	6,500.00	6,500.00
6401	主营业务成本	4,732,601.30	4,732,601.30
6405	税金及附加	104,488.91	104,488.91
6601	销售费用	131,962.05	131,962.05
6602	管理费用	272,307.71	272,307.71
6603	财务费用	4,652.89	4,652.89
6711	营业外支出	4,868.06	4,868.06
	合计	40,518,511.58	40,518,511.58

图9-11 凭证汇总表界面

3. 期末结账

月底，出纳对出纳管理进行结账处理，会计对应收款管理、应付款管理进行结账处理。

完成本月全部业务的凭证生成、审核、过账后，再做结账工作。

1) 出纳管理结账

出纳_张三登录系统，执行【财务会计】—【出纳管理】—【期末处理】—【出纳管理结账】命令，勾选结算组织为"云端公司_张三"，单击【结账】按钮，如图9-12所示。

图9-12 出纳管理结账

2) 应收款结账

会计_张三登录系统，执行【财务会计】—【应收款管理】—【期末处理】—【应收款结账】命令，勾选结算组织为"云端公司_张三"，单击【结账】按钮，如图9-13所示。

图9-13　应收款结账

3) 应付款结账

会计_张三登录系统，执行【财务会计】—【应付款管理】—【期末处理】—【应付款结账】命令，勾选结算组织为"云端公司_张三"，单击【结账】按钮，如图9-14所示。

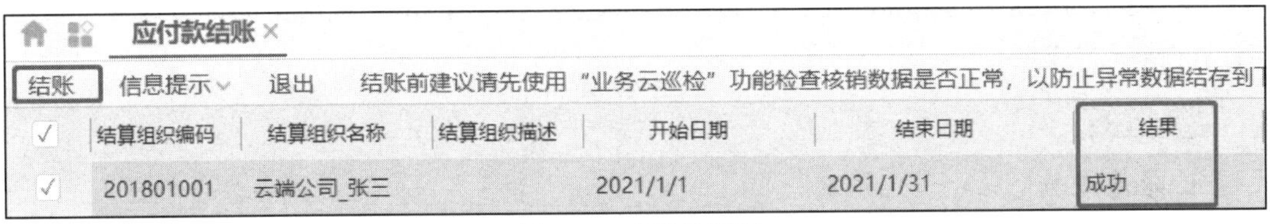

图9-14　应付款结账

4) 总账期末结账

会计_张三登录系统，执行【财务会计】—【总账】—【期末处理】—【总账期末结账】命令，进入期末结账界面，勾选账簿后单击【结账】按钮，完成结账操作，系统会进入下一个会计期间，可以看到当前会计期间为"2021.2"，如图9-15所示。

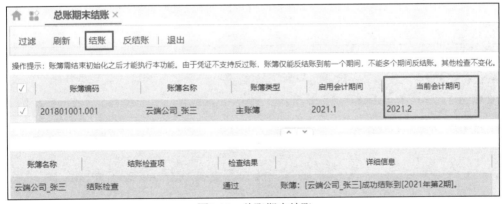

图9-15　总账期末结账

注意：

期末结账的操作前提是：

(1) 账簿已经结束初始化；相关业务系统已经结账；账簿当前期间没有未过账的凭证；账簿当前期间已记账凭证不存在断号；智能会计平台已设置"必须要生成总账凭证"的业务单据都已生成总账记账凭证；如果账簿参数勾选"结账时要求损益类科目余额为零"，则账簿的损益科目余额须已结平。

(2) 系统结账是本期工作的最后一项工作，一定要慎重，确保前面工作都完成后再进行结账。

实验三 账表分析

实验步骤

□ 账簿查询

会计账簿是以会计凭证为依据，对全部的经济业务进行全面、系统、连续、分类的记录和核算，并按照专门的格式以一定的形式联结在一起的账页所组成的簿籍。系统可进行账簿查询，方便企业了解财务信息。

□ 报表分析

会计报表所提供的指标，比其他会计资料更具综合性，本系统能全面地反映企业经营活动的情况和成果。

操作指导

1. 账簿查询

账簿查询的工作涉及总分类账、明细分类账和核算维度明细账。

1) 总分类账

会计_张三登录系统，执行【财务会计】—【总账】—【账簿】—【总分类账】命令，弹出过滤窗口对话框，以查询会计期间"2021.1-2021.1"为例，选择需要查询的账簿，币别选择"人民币"，单击【确定】按钮，进入凭证汇总表界面，如图9-16所示。总分类账界面列出了对应账簿在指定日期会计科目的期初余额、本期借贷方发生额总数、期末余额。

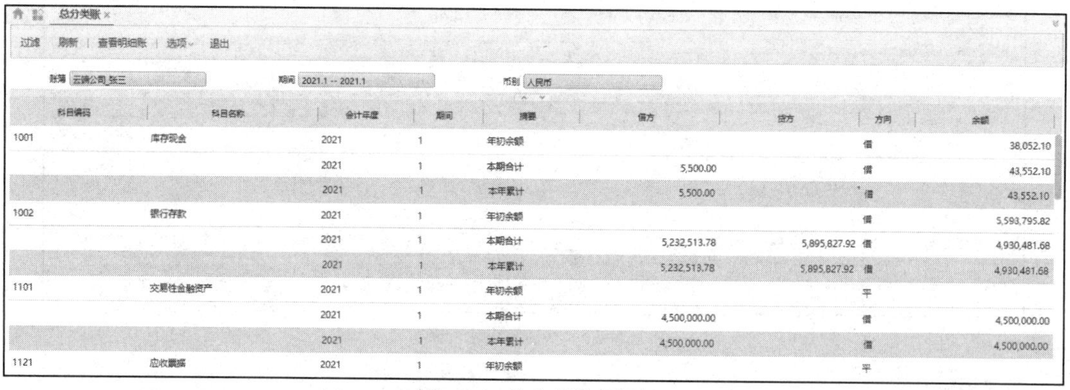

图9-16 总分类账界面

2) 明细分类账

会计_张三登录系统，执行【财务会计】—【总账】—【账簿】—【明细分类账】命令，弹出过滤窗口对话框，以查询会计期间"2021.1-2021.1"为例，选择需要查询的账簿，"核算维度"页签下可勾选"显示核算维度明细"，【核算维度】可选择所有类别都核算，在【其他选项】还提供了按非明细科目输出明细分类账的功能，勾选“显示禁用科目”“从未使用不显示”，单击【确定】按钮，进入明细分类账界面，如图9-17所示。

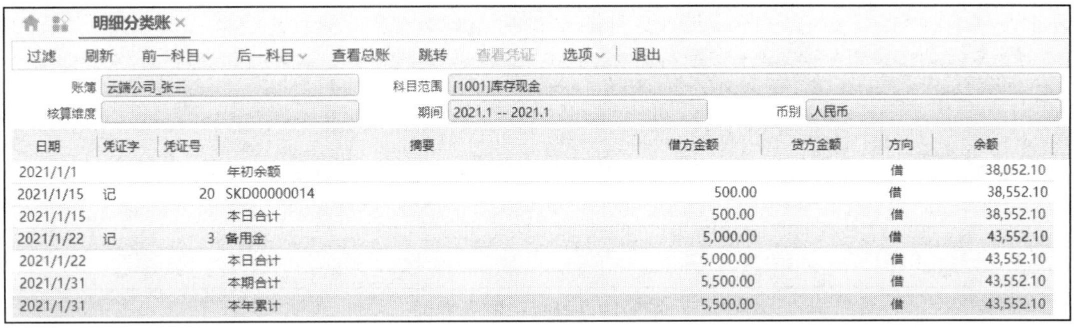

日期	凭证字	凭证号	摘要	借方金额	贷方金额	方向	余额
2021/1/1			年初余额			借	38,052.10
2021/1/15	记	20	SKD00000014	500.00		借	38,552.10
2021/1/15			本日合计	500.00		借	38,552.10
2021/1/22	记	3	备用金	5,000.00		借	43,552.10
2021/1/22			本日合计	5,000.00		借	43,552.10
2021/1/31			本期合计	5,500.00		借	43,552.10
2021/1/31			本年累计	5,500.00		借	43,552.10

图9-17　明细分类账界面

3) 核算维度明细账

会计_张三登录系统，执行【财务会计】—【总账】—【账簿】—【核算维度明细账】命令，弹出过滤窗口对话框，选择需要查询的账簿，会计期间为“2021.1—2021.1”，币别选择“人民币”，在【核算维度选项】中可选择相应的核算维度，如选择“供应商”，下面的方框可根据实际业务需要进行过滤筛选，如勾选“显示禁用核算维度”“按核算维度分页显示”，【明细数据显示选项】勾选“显示禁用科目”，单击【确定】按钮，进入核算维度明细账界面，可以查询到相关核算维度的期初余额、本期发生、本年累计发生及期初余额数据等，如图9-18所示。

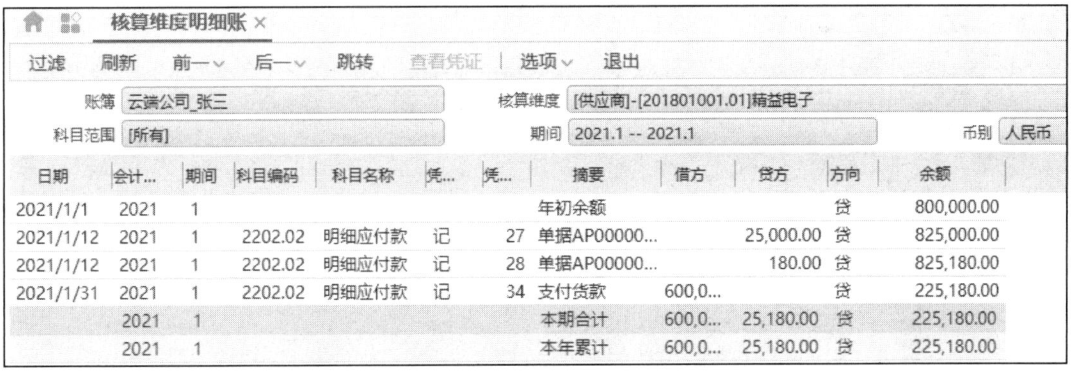

日期	会计...	期间	科目编码	科目名称	凭...	凭...	摘要	借方	贷方	方向	余额
2021/1/1	2021	1					年初余额			贷	800,000.00
2021/1/12	2021	1	2202.02	明细应付款	记	27	单据AP00000...		25,000.00	贷	825,000.00
2021/1/12	2021	1	2202.02	明细应付款	记	28	单据AP00000...		180.00	贷	825,180.00
2021/1/31	2021	1	2202.02	明细应付款	记	34	支付货款	600,0...		贷	225,180.00
	2021	1					本期合计	600,0...	25,180.00	贷	225,180.00
	2021	1					本年累计	600,0...	25,180.00	贷	225,180.00

图9-18　核算维度明细账界面

2. 报表分析

报表分析涉及科目余额表、试算平衡表和核算维度余额表。

1) 科目余额表

会计_张三登录系统，执行【财务会计】—【总账】—【财务报表】—【科目余额表】命令，弹出过滤窗口对话框，选择需要查询的账簿，币别选择“人民币”，会计期间为“2021.1—2021.1”，在【其他选项】根据实际业务需要进行过滤筛选，如勾选“显示禁用科目”“包括余额为零的科目”“包括本期没有发生额的科目”“包括本年没有发生额的科目”等。单击【确定】按钮，进入科目余额表界面，如图9-19所示。

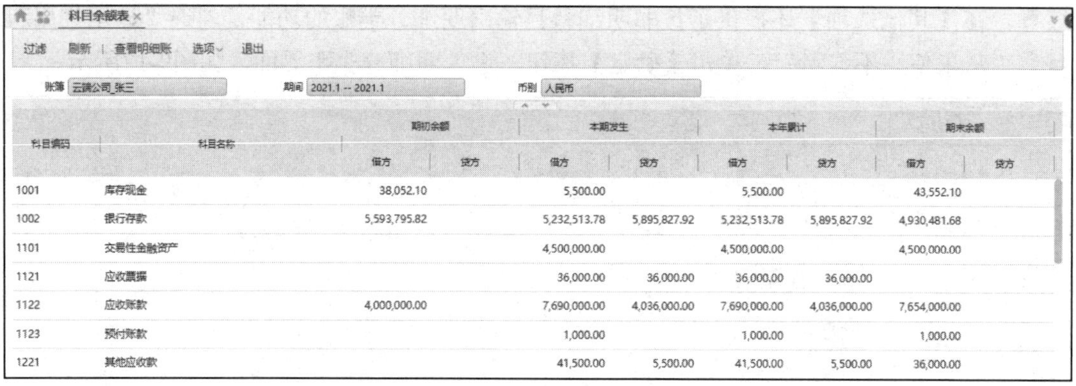

科目编码	科目名称	期初余额 借方	期初余额 贷方	本期发生 借方	本期发生 贷方	本年累计 借方	本年累计 贷方	期末余额 借方	期末余额 贷方
1001	库存现金	38,052.10		5,500.00		5,500.00		43,552.10	
1002	银行存款	5,593,795.82		5,232,513.78	5,895,827.92	5,232,513.78	5,895,827.92	4,930,481.68	
1101	交易性金融资产			4,500,000.00		4,500,000.00		4,500,000.00	
1121	应收票据			36,000.00	36,000.00	36,000.00	36,000.00		
1122	应收账款	4,000,000.00		7,690,000.00	4,036,000.00	7,690,000.00	4,036,000.00	7,654,000.00	
1123	预付账款			1,000.00		1,000.00		1,000.00	
1221	其他应收款			41,500.00	5,500.00	41,500.00	5,500.00	36,000.00	

图9-19 科目余额表界面

注意：

科目余额表是以报表形式显示各个科目的年初余额、期初余额、本期发生额、本年累计发生额及期末余额。资产负债表可以根据科目余额表编制，科目余额表里面的科目余额应当等于资产负债表的科目余额。

2) 试算平衡表

会计_张三登录系统，执行【财务会计】—【总账】—【财务报表】—【试算平衡表】命令，弹出过滤窗口对话框，选择需要查询的账簿，会计期间为"2021.1"，币别选择"综合本位币"，在弹出窗口的选项中根据实际业务需要进行过滤筛选，如勾选"显示禁用科目"，单击【确定】按钮，进入试算平衡表界面，如图9-20所示。

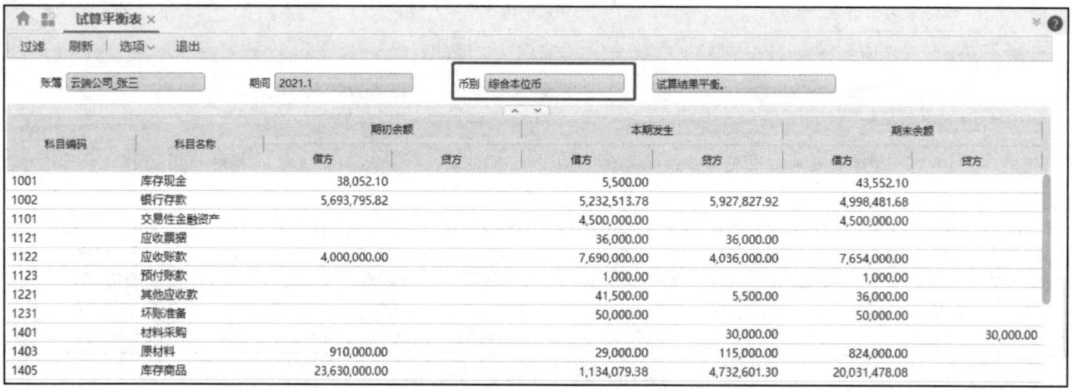

科目编码	科目名称	期初余额 借方	期初余额 贷方	本期发生 借方	本期发生 贷方	期末余额 借方	期末余额 贷方
1001	库存现金	38,052.10		5,500.00		43,552.10	
1002	银行存款	5,693,795.82		5,232,513.78	5,927,827.92	4,998,481.68	
1101	交易性金融资产			4,500,000.00		4,500,000.00	
1121	应收票据			36,000.00	36,000.00		
1122	应收账款	4,000,000.00		7,690,000.00	4,036,000.00	7,654,000.00	
1123	预付账款			1,000.00		1,000.00	
1221	其他应收款			41,500.00	5,500.00	36,000.00	
1231	坏账准备			50,000.00		50,000.00	
1401	材料采购				30,000.00		30,000.00
1403	原材料	910,000.00		29,000.00	115,000.00	824,000.00	
1405	库存商品	23,630,000.00		1,134,079.38	4,732,601.30	20,031,478.08	

图9-20 试算平衡表界面

注意：

试算平衡表，用于输出和查询所选期间的各科目的期初余额、本期发生额及期末余额数据。用户可以查询账簿内不同的会计期间及不同币别的试算平衡表数据。

3) 核算维度余额表

会计_张三登录系统，执行【财务会计】—【总账】—【财务报表】—【核算维度余额表】命令，弹出过滤窗口对话框，选择需要查询的账簿，币别选择"人民币"，会计期间为"2021.1—2021.1"，在【核算维度选项】中选择相应的核算维度及核算维度编码，【其他选项】勾选"显示禁用科目"等自定义选项，单击【确定】按钮。以核算维度

"供应商"为例,核算维度余额表如图9-21所示。

会计年度	期间	核算维度编码	核算维度名称	科目编码	科目名称	期初余额		本期发生		本年累计		期末余额	
						借方	贷方	借方	贷方	借方	贷方	借方	贷方
2021	1	201801001.01	精益电子	2202.02	明细应付款	800,000.00		600,000.00	25,180.00	600,000.00	25,180.00		225,180.00
			精益电子-小计			800,000.00		600,000.00	25,180.00	600,000.00	25,180.00		225,180.00
2021	1	201801001.02	华南制造	1123	预付账款			1,000.00		1,000.00		1,000.00	
2021	1	201801001.02	华南制造	1221.02	供应商往来			5,000.00	5,000.00	5,000.00	5,000.00		
2021	1	201801001.02	华南制造	2202.02	明细应付款	1,000,000.00		4,000.00	4,000.00	4,000.00	4,000.00		1,000,000.00
2021	1	201801001.02	华南制造	2241.02	供应商往来			3,000.00	3,000.00	3,000.00	3,000.00		
			华南制造-小计			1,000,000.00		13,000.00	12,000.00	13,000.00	12,000.00	1,000.00	1,000,000.00
2021	1	201801001.03	供电公司	2202.02	明细应付款				35,649.90		35,649.90		35,649.90
2021	1	201801001.03	供电公司	2241.02	供应商往来				2,000.00		2,000.00		2,000.00
			供电公司-小计						37,649.90		37,649.90		37,649.90
			合计			1,800,000.00		613,000.00	74,829.90	613,000.00	74,829.90	1,000.00	1,262,829.90

图9-21 核算维度余额表

注意:

核算维度余额用于帮助用户进行核算维度余额的分析,主要展示核算维度的期初余额、本期发生额、本年累计发生额及期末余额数据等。

第 10 章 报表系统

10.1 系统概述

报表系统主要是为了满足企业财务及业务报表的编制和管理需求。报表系统通过驱动程序与其他数据源连接,与总账系统无缝集成,内置取数公式,保证报表数据的及时与准确;可便捷地从总账中提取各种数据来编制报表。除资产负债表、利润表等常用报表外,报表系统还可以按照用户的需求制作其他各类管理报表,可编制的报表类型包括固定样式报表和动态罗列报表。报表数据通过格式化存储,能够快速满足企业各种数据分析的需求。

1. 报表系统主要业务流程

报表的数据来自各个业务系统所产生的业务数据和财务数据。生成报表的基本流程如图10-1所示。

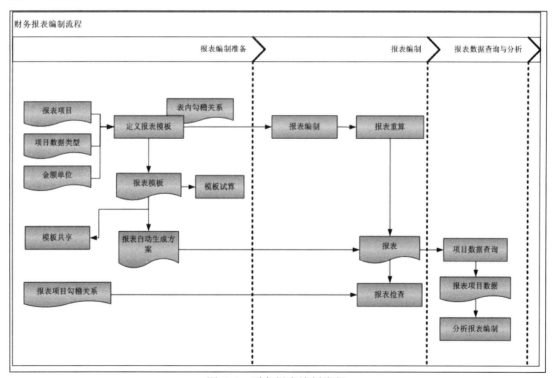

图10-1 财务报表编制流程

2. 重点功能概述

财务报表平台基于类Excel报表编辑器，通过快速报表向导，灵活的取数公式，帮助用户快速、准确度地编制企业对外财务报表及各类财务管理报表。与Excel相似的界面风格和操作习惯，所见即所得的报表绘制过程，学习成本低；与总账系统无缝集成，内置取数公式，保证报表数据的及时和准确；报表数据格式化存储，快速满足企业各种数据分析需求。具体功能如下：

1) 基础资料设置

报表的基础资料设置主要包括建立报表项目和项目数据类型、定义报告维度、确定模板样式方案。报表项目是报表系统的基础，如同我们日常记账时需要科目一样。报表项目的设置完全依据企业管理与分析的需要而设置，企业需要什么样的报表，就可以将报表上的所有项目指标对应设置为报表项目；项目数据类型包括年初数、本期发生数、期末数、本年累计数、本年增减变动金额等，用户可自定义报表项目的数据类型，从多个角度反映某个报表项目的情况；报告维度是用来定义和确认动态列表的多种维度资料，一般用于分析报表的维度有客户、供应商、部门、费用项目等；模板样式方案将报表内容(包括报表项目、数据类型、取数公式、报告维度等)抽象出来作为方案保存，可以重复利用，且修改方便。

2) 报表模板定义

新建一个空白的报表模板并打开，通过"批量填充向导"将模板样式方案填充至报表模板中，也可以使用系统预置模板快速完成报表模板的编制。

3) 编制报表

根据报表模板，新建各期报表，从总账自动获取数据。

4) 多组织报表管理

报表管理系统支持多组织报表管理，支持组织间报表无障碍共享；多组织报表支持隔离独立编制、统一编制及系统自动生成三种方式。

5) 结构化报表数据存储

报表管理系统支持结构化报表数据存储，是多维度分析的保障。

6) 简单灵活的快速报表批量填充

报表管理系统提供报表批量填充，一次性完成报表项目指标、报表数据取数公式、报表数据项目公式的自动填列，并支持追加填列。

7) 报表控件及编辑风格更类似Excel

基于先进的类Excel报表控件，与Excel相似的界面风格和操作习惯，所见即所得的报表绘制过程，更易于学习掌握。多表页功能可以使企业根据实际需要将整套报表(一组多个报表)定义和存放在一个报表中。

8) 与金蝶云星空财务系统无缝集成

报表系统与金蝶云星空财务系统无缝集成，内置取数公式，保证报表数据的及时和准确。

10.2 实验练习

本节案例数据以学号为201801001的学生张三为例,进行后续全部实验操作。

报表系统

实验一 报表管理

应用场景

通过编制企业资产负债表,反映企业在特定阶段的资产、负债和所有者权益状况;利润表反映企业在一定阶段的经营成果;现金流量表反映企业现金流入与流出的信息,现金流量表取数与凭证中的现金流量相关,因此需要对凭证进行现金流量的指定与确认。

实验步骤

- 制作报表模板。
- 编制报表。

操作部门及人员准备

由会计进行报表模板的制作和报表的编制。

实验数据

1. 新增报表模板

(1) 新增报表模板信息如表10-1所示。

表10-1 新增报表模板信息

编码	名称	周期	核算体系	所属组织	样式类型
学号	云端公司_姓名报表模板	月报	财务会计核算体系	云端公司_姓名	固定样式

(2) 在新建的报表模板中插入固定页,使用系统预置的固定样式,插入资产负债表、现金流量表和利润表。

2. 编制报表

新增报表信息如表10-2所示。

表10-2 报表编制

报表模板	核算体系	所属组织	周期	报表日期
学号	财务会计核算体系	云端公司_姓名	月报	2021/1/31

操作指导

1. 制作报表模板

1) 基础资料设置

报表系统中对"报表项目""项目数据类型"等基础资料,预设了相对全面的基础资料,用户也可根据实际情况进行新增或修改。

2) 新增报表模板

(1) 会计_张三登录系统，执行【财务会计】—【报表】—【报表管理】—【报表模板】命令，单击【新增】按钮，进入新增报表模板界面，填写编码为学号"201801001"，名称为"云端公司_张三报表模板"，周期为"月报"，核算体系为"财务会计核算体系"，所属组织为"云端公司_张三"，样式类型为"固定样式"。信息录入完成后，单击【确定】按钮，如图10-2所示。

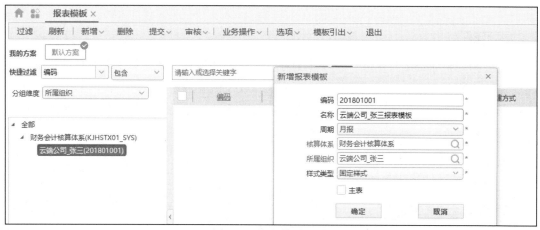

图10-2 报表模板新增

(2) 编辑报表模板，双击刚才新增的报表模板名称，在弹出的"列表"对话框中选择【点击打开】选项，进入报表编辑器。(首次使用需根据提示下载并安装引导程序，程序安装完成后，需要录入服务器的金蝶云星空地址，后续使用选择【点击打开】，进入报表模板编辑器)，如图10-3所示。

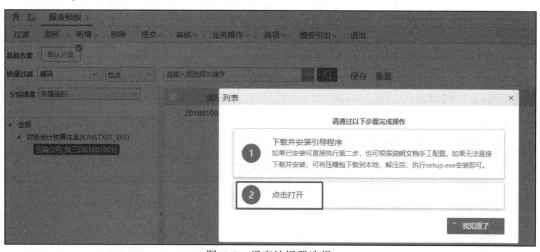

图10-3 报表编辑器选择

(3) 在报表编辑器左下方的页签处，右键选择"插入表页"，弹出插入表页界面，在"固定样式"页签下选择"资产负债表""现金流量表""利润表"，单击【确定】按钮，在单元格中系统会自动填充资产负债表、现金流量表、利润表的报表项目、项目数据类型、Item公式和取数公式，如图10-4和图10-5所示。

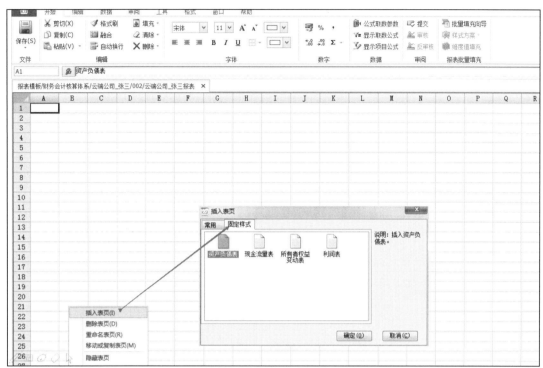

图10-4　报表模板固定页的插入

图10-5　编辑报表模板

在报表编辑器中根据实际需要编辑各取数公式，本案例使用系统默认的报表模板，只需将利润表中的“营业税金及附加”修改为“税金及附加”，编辑完成后，单击【保存】按钮。返回金蝶云星空界面，勾选刚刚完成的报表模板，依次点击【提交】【审核】按钮。

注意：

系统自带资产负债表、现金流量表、利润表及所有者权益变动表等固定样式的报表模板。在编辑报表模板时，可根据实际情况在原有模板的基础上进行修改。

单击【开始】页签中的【显示项目公式】按钮和【显示取数公式】按钮，查看各单元格的项目公式和取数公式，如图10-6所示。

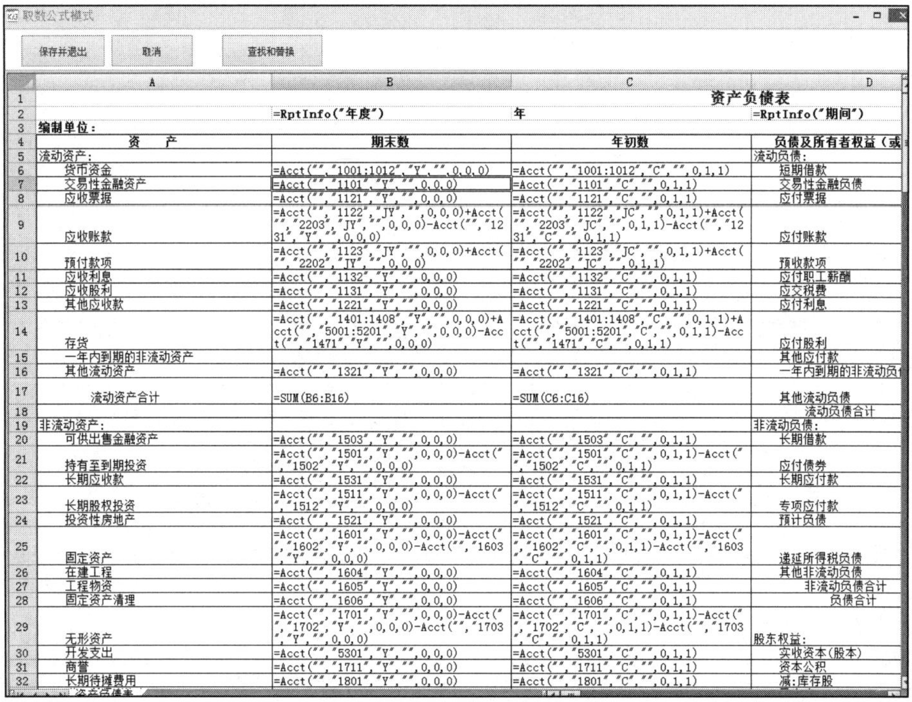

	A	B	C	D
1				资产负债表
2		=RptInfo("年度")	年	=RptInfo("期间")
3	编制单位：			
4	资　产	期末数	年初数	负债及所有者权益（或
5	流动资产：			流动负债：
6	货币资金	=Acct("","1001:1012","Y","",0,0,0)	=Acct("","1001:1012","C","",0,1,1)	短期借款
7	交易性金融资产	=Acct("","1101","Y","",0,0,0)	=Acct("","1101","C","",0,1,1)	交易性金融负债
8	应收票据	=Acct("","1121","Y","",0,0,0)	=Acct("","1121","C","",0,1,1)	应付票据
9	应收账款	=Acct("","1122","JY","",0,0,0)+Acct("","2203","JY","",0,0,0)-Acct("","1231","Y","",0,0,0)	=Acct("","1122","JC","",0,1,1)+Acct("","2203","JC","",0,1,1)-Acct("","1231","C","",0,1,1)	应付账款
10	预付款项	=Acct("","1123","JY","",0,0,0)+Acct("","2202","JY","",0,0,0)	=Acct("","1123","JC","",0,1,1)+Acct("","2202","JC","",0,1,1)	预收款项
11	应收利息	=Acct("","1132","Y","",0,0,0)	=Acct("","1132","C","",0,1,1)	应付职工薪酬
12	应收股利	=Acct("","1131","Y","",0,0,0)	=Acct("","1131","C","",0,1,1)	应交税费
13	其他应收款	=Acct("","1221","Y","",0,0,0)	=Acct("","1221","C","",0,1,1)	应付利息
14	存货	=Acct("","1401:1408","Y","",0,0,0)+Acct("","5001:5201","Y","",0,0,0)-Acct("","1471","Y","",0,0,0)	=Acct("","1401:1408","C","",0,1,1)+Acct("","5001:5201","C","",0,1,1)-Acct("","1471","C","",0,1,1)	应付股利
15	一年内到期的非流动资产			其他应付款
16	其他流动资产	=Acct("","1321","Y","",0,0,0)	=Acct("","1321","C","",0,1,1)	一年内到期的非流动负
17	流动资产合计	=SUM(B6:B16)	=SUM(C6:C16)	其他流动负债
18				流动负债合计
19	非流动资产：			非流动负债：
20	可供出售金融资产	=Acct("","1503","Y","",0,0,0)	=Acct("","1503","C","",0,1,1)	长期借款
21	持有至到期投资	=Acct("","1501","Y","",0,0,0)-Acct("","1502","Y","",0,0,0)	=Acct("","1501","C","",0,1,1)-Acct("","1502","C","",0,1,1)	应付债券
22	长期应收款	=Acct("","1531","Y","",0,0,0)	=Acct("","1531","C","",0,1,1)	长期应付款
23	长期股权投资	=Acct("","1511","Y","",0,0,0)-Acct("","1512","Y","",0,0,0)	=Acct("","1511","C","",0,1,1)-Acct("","1512","C","",0,1,1)	专项应付款
24	投资性房地产	=Acct("","1521","Y","",0,0,0)	=Acct("","1521","C","",0,1,1)	预计负债
25	固定资产	=Acct("","1601","Y","",0,0,0)-Acct("","1602","Y","",0,0,0)-Acct("","1603","Y","",0,0,0)	=Acct("","1601","C","",0,1,1)-Acct("","1602","C","",0,1,1)-Acct("","1603","C","",0,1,1)	递延所得税负债
26	在建工程	=Acct("","1604","Y","",0,0,0)	=Acct("","1604","C","",0,1,1)	其他非流动负债
27	工程物资	=Acct("","1605","Y","",0,0,0)	=Acct("","1605","C","",0,1,1)	非流动负债合计
28	固定资产清理	=Acct("","1606","Y","",0,0,0)	=Acct("","1606","C","",0,1,1)	负债合计
29	无形资产	=Acct("","1701","Y","",0,0,0)-Acct("","1702","Y","",0,0,0)-Acct("","1703","Y","",0,0,0)	=Acct("","1701","C","",0,1,1)-Acct("","1702","C","",0,1,1)-Acct("","1703","C","",0,1,1)	股东权益：
30	开发支出	=Acct("","5301","Y","",0,0,0)	=Acct("","5301","C","",0,1,1)	实收资本(股本)
31	商誉	=Acct("","1711","Y","",0,0,0)	=Acct("","1711","C","",0,1,1)	资本公积
32	长期待摊费用	=Acct("","1801","Y","",0,0,0)	=Acct("","1801","C","",0,1,1)	减:库存股

图10-6　显示取数公式界面

图10-6为显示取数公式的界面。例如，货币资金的取数公式为Acct("","1001:1012","Y","",0,0,0)，括号中各参数分别代表取数账簿、科目、取数类型、币别、年度、起始期间、结束期间。其中，年度是指账簿会计年度，可直接录入，如2003。若不选，则系统默认为账簿当前年。若录入数值，表示的意义如下：0为账簿当前年，-1为账簿前一年，-2为账簿前两年，依此类推。起始、结束的期间是指会计期间，可直接录入“起始期间”和“结束期间”。若不选，则系统默认为账簿当前期间。若录入数值，表示的意义如下：0为账簿当前期，-1为账簿上一期，-2为账簿上两期，依此类推。

报表重算时，根据报表取数公式获取数据。

各参数取数顺序如下：

(1) 如果公式中各参数有值，则优先取公式中设置的值，如“账簿”先按取数参数中设置的账簿，为空时按第二优先级取数参数。

(2) 单击【公式取数参数】按钮，可以设置账簿、币别、期间等参数，如图10-7所示。

(3) 若公式中参数为空，且公式取数参数设置界面中未设置，各参数的报表属性，如当前组织为"云端公司_张三"，则账簿取对应的主账簿，币别取对应的币别，年度和期间取对应的当前年度期间。

图10-7 公式取数参数界面

用户可以在报表编辑器中单击【编辑】—【报表函数】按钮修改取数公式，也可以打开"Fx"修改取数公式。选中报表单元格，Fx区域会显示该单元格的取数公式，如图10-8所示。单击【Fx】按钮也可以打开报表函数界面，可在此修改单元格取数公式。功能类似于Excel中的Fx公式，打开每个公式会显示功能介绍及参数说明。

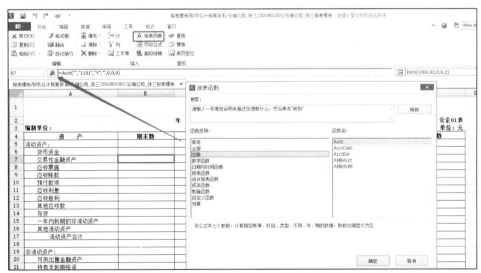

图10-8 Acct公式查看及修改界面

例如，若我们将"货币资金"以"库存现金"加上"银行存款及其他"的方式来替换显示，则可以利用报表函数的功能来分别获取"库存现金"及"银行存款及其他"的期末数与年初数的取数公式。下面以获取"库存现金"期末数的取数公式为例进行讲解。

先选中需要显示该期末数的单元格，进入报表函数界面，选择函数类别为"总账"，函数名为"Acct",单击【确定】按钮,进入报表函数参数界面,选择科目为"1001(库存现金)",取数类型为"Y(期末余额)",年度为"0",开始期间为"0",结束期间为"0",如图10-9所示,单击【确定】按钮,则所选中的单元格中会返回取数公式,即会算出"库存现金"的期末数。

图10-9 报表函数参数界面

在【开始】页签中单击【显示项目公式】按钮,查看各单元格的项目公式。例如,Item(1000.01,0,0,2)括号中逗号分开的参数分别代表项目编码、年度、期间、项目数据类型,如图10-10所示,报表中各数据以Item公式储存在后台数据库,方便引用。

图10-10 项目公式模式界面

用户可以在【显示项目公式】中修改项目公式，也可以打开单元格项目公式界面来修改公式。选中报表单元格，单元格项目公式区域会显示该单元格的项目公式，如图10-11所示。单击"123"图标可以打开单元格项目公式界面，可以在此修改单元格项目公式。

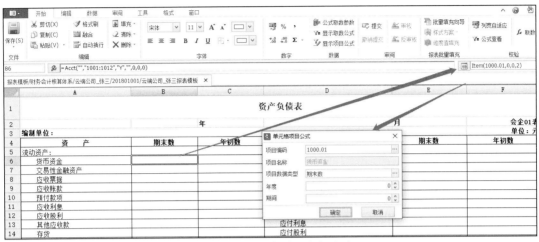

图10-11　单元格项目公式界面

若将"货币资金"以"库存现金"加上"银行存款及其他"的方式来替换显示，则需要分别在"库存现金"及"银行存款及其他"的期末数与年初数的单元格设置对应的项目公式。下面以获取"库存现金"期末数的项目公式为例进行讲解。

选择"货币资金"期末数的单元格，单击"123"按钮，进入单元格项目公式界面，项目编码设置为"1001.01.01(库存现金)"，年度为"0"，期间为"0"，单击【确定】按钮，则所选的单元格会返回项目公式，如图10-12所示。

图10-12　修改单元格项目公式界面

2. 编制报表

1) 新增报表

会计_张三登录系统，执行【财务会计】—【报表】—【报表管理】—【报表】命令，单击【新增】按钮，选择刚才新增的报表模板"201801001"，核算体系为"财务会计核算体系"，所属组织为"云端公司_张三"，周期为"月报"，会计政策为"中国准则会计政策”，报表日期为“2021/1/31”，年度选择“2021”，期间选择“1”，币别为“人民币”，金额单位选择“元”。信息录入完成后，单击【确定】按钮，如图10-13所示。

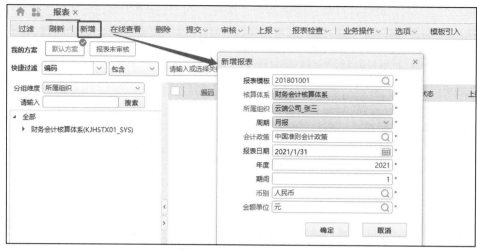

图10-13　新增报表界面

2) 报表重算

双击刚刚新增的报表，进入报表编辑器选择界面，选择【单击打开】，进入报表编辑器。在“开始”页签下单击【公式取数参数】按钮，设置账簿为“云端公司_张三”，开始日期为“2021/1/1”，结束日期为“2021/1/31”，单击【确定】按钮。在“数据”页签下单击【全部重算】按钮，报表重算后可以查询到资产负债表、现金流量表及利润表的编制情况，确认无误后单击【保存】按钮。资产负债表、现金流量表、利润表分别如图10-14、图10-15和图10-16所示。

报表/财务会计核算体系/云端公司_张三/201801001/云端公司_张三报表模板-2021年1期月报(PRE001.人民币.元)

	A	B	C	D	E	F
1	资产负债表					
2		2021年1月				会企01表
3	编制单位：					单位：元
4	资　产	期末数	年初数	负债及所有者权益（或股东权益）	期末数	年初数
5	流动资产：			流动负债：		
6	货币资金	5042033.78	5731847.92	短期借款	1000000	0
7	交易性金融资产	4500000	0	交易性金融负债	0	0
8	应收票据	0	0	应付票据	0	0
9	应收账款	7704000	4000000	应付账款	1319419.39	1800000
10	预付款项	1000	0	预收款项	200000	0
11	应收利息	0	0	应付职工薪酬	1043992.2	926847.92
12	应收股利	0	0	应交税费	975229.78	0
13	其他应收款	36000	0	应付利息	4166.67	0
14	存货	20825478.08	24540000	应付股利	0	0
15	一年内到期的非流动资产			其他应付款	7000	0
16	其他流动资产	0	0	一年内到期的非流动负债		
17	流动资产合计	38108511.86	34271847.92	其他流动负债	0	0
18				流动负债合计	4549808.04	2726847.92
19	非流动资产：			非流动负债：		
20	可供出售金融资产	0	0	长期借款	0	0
21	持有至到期投资	0	0	应付债券	0	0
22	长期应收款	0	0	长期应付款	0	0
23	长期股权投资	0	0	专项应付款	0	0
24	投资性房地产	0	0	预计负债	0	0
25	固定资产	37877225	38055000	递延所得税负债	0	0
26	在建工程	0	0	其他非流动负债		
27	工程物资	0	0	非流动负债合计	0	0
28	固定资产清理	0	0	负债合计	4549808.04	2726847.92
29	无形资产	285000	0	股东权益：		
30	开发支出	0	0	实收资本(股本)	38300000	38000000
31	商誉	0	0	资本公积	7600000	7600000
32	长期待摊费用	0	0	减:库存股	0	0
33	递延所得税资产	0	0	盈余公积	0	0
34	其他非流动资产	0	0	未分配利润	25820928.82	24000000
35	非流动资产合计	38162225	38055000	外币报表折算差额		
36				股东权益合计	71720928.82	69600000
37	资产总计	76270736.86	72326847.92	负债和股东权益合计	76270736.86	72326847.92

图10-14　资产负债表

现金流量表

会企03表
单位：元

项　目	本期金额	上期金额
一、经营活动产生的现金流量		
销售商品、提供劳务收到的现金	4185713.78	0
收到的税费返还		0
收到其他与经营活动有关的现金	15300	0
经营活动现金流入小计	4201013.78	0
购买商品、接受劳务支付的现金	605000	0
支付给职工以及为职工支付的现金	926847.92	0
支付的各项税费		0
支付其他与经营活动有关的现金	118980	0
经营活动现金流出小计	1650827.92	0
经营活动产生的现金流量净额	2550185.86	0
二、投资活动产生的现金流量：		
收回投资收到的现金	0	0
取得投资收益收到的现金	0	0
处置固定资产、无形资产和其他长期资产收回的现金净额	0	0
处置子公司及其他营业单位收到的现金净额	0	0
收到其他与投资活动有关的现金	0	0
投资活动现金流入小计	0	0
购建固定资产、无形资产和其他长期资产支付的现金	0	0
投资支付的现金	4240000	0
取得子公司及其他营业单位支付的现金净额	0	0
支付其他与投资活动有关的现金	0	0
投资活动现金流出小计	4240000	0
投资活动产生的现金流量净额	-4240000	0
三、筹资活动产生的现金流量：		
吸收投资收到的现金	0	0
取得借款收到的现金	1000000	0
收到其他与筹资活动有关的现金	0	0
筹资活动现金流入小计	1000000	0
偿还债务支付的现金	0	0
分配股利、利润或偿付利息支付的现金	0	0
支付其他与筹资活动有关的现金	0	0
筹资活动现金流出小计	0	0
筹资活动产生的现金流量净额	1000000	0
四、汇率变动对现金及现金等价物的影响	0	
五、现金及现金等价物净增加额	-689814.140000001	0
加：期初现金及现金等价物余额	5731847.92	0
六、期末现金及现金等价物余额	5042033.78	0

图10-15　现金流量表

利润表

2021年01月

会企02表
单位：元

项　目	本期金额	本年累计金额
一、营业收入	6805309.74	6805309.74
减：营业成本	4732601.3	4732601.3
税金及附加	104488.91	104488.91
销售费用	131962.05	131962.05
管理费用	272307.71	272307.71
财务费用	4652.89	4652.89
资产减值损失	0	0
加：公允价值变动收益（损失以"-"号填列）	260000	260000
投资收益（损失以"-"号填列）	0	0
其中：对联营企业和合营企业的投资收益		
二、营业利润（亏损以"-"号填列）	1819296.88	1819296.88
加：营业外收入	6500	6500
减：营业外支出	4868.06	4868.06
其中：非流动资产处置损失		
三、利润总额（亏损总额以"-"号填列）	1820928.82	1820928.82
减：所得税费用	0	0
四、净利润（净亏损以"-"号填列）	1820928.82	1820928.82
五、每股收益		
（一）基本每股收益		
（二）稀释每股收益		

图10-16　利润表

第11章 能力拓展

11.1 背景概述

经过前面章节的学习,学生基本了解了金蝶云星空会计电算化课程所涉及的系统功能模块,并通过案例的练习,基本掌握了各系统的操作方法。本章节提供云端公司2021年2月的相关业务练习题,学生可在完成云端公司2021年1月的各项业务练习后,独自完成云端公司2月的相关业务操作,深度掌握金蝶云星空会计电算化课程所涉及的应收款管理、应付款管理、出纳管理、资产管理、总账、报表等系统模块的使用方法,以达到能力提升、素质拓展的目的。

11.2 实验练习

(1) 2月1日,销售一批自动驾驶机器人R型给客户迅腾科技,含税单价76,000元,数量60台,税率13%,会计_张三根据业务背景新增应收单并提交审核。

(2) 2月3日,行政部采购的2台打印机到货,购买单价为10,000元,总未税成本为20,000元,税率为13%,资产位置为本部大楼,使用部门为行政部,会计_张三新增资产卡片并提交审核。

(3) 2月4日,仓储部领用本月购进的打印机1台,会计_张三新增资产领用单并提交审核。

(4) 2月4日,从招商银行南山支行提现10,000元备用金用于日常经营,出纳新增现金存取单并提交审核。

(5) 2月5日,收到客户度白科技货款1,000,000元,出纳_张三新增收款单并提交审核。

(6) 2月5日,迅腾科技通过网银支付2月1日采购的60台自动驾驶机器人R型货款,出纳_张三根据应收单下推生成收款单并提交审核。

(7) 2月6日,从供应商精益电子采购一批原材料。其中,智能芯片30pcs,含税单价3,000元,主控系统55pcs,含税单价500元,税率13%,货款未付,会计_张三根据业务背景新增应付单并提交审核。

(8) 2月7日，报销采购部刘辉差旅费1,280元，通过网银支付，出纳_张三新增付款单并提交审核。

(9) 2月8日，公司网银收到客户度白科技包装物押金3,000元，出纳_张三录入其他业务收款单并提交审核。

(10) 2月9日，销售一批货物给客户米小科技。其中，自动驾驶机器人S型，含税单价71,000元，数量40台；自动驾驶机器人R型，含税单价76,000元，数量48台，税率13%。会计_张三根据业务背景新增应收单并提交审核。

(11) 2月10日，通过网银支付上月职工薪酬1,043,992.2元，会计_张三根据业务背景录入凭证。

(12) 2月15日，通过网银支付上月应交税费975,229.78元，会计_张三根据业务背景录入凭证。

(13) 2月11日，公司得知上月已计提坏账准备的度白科技货款50,000元可以收回10,000元，2月12日公司网银收到该笔款项，会计_张三编制凭证确认坏账收回并转销应收账款。

(14) 2月12日，生产部领用原材料一批用于生产智能机器人，生产成本按照费用类型进行核算。其中，智能芯片32pcs，单价3,000元；主控系统38pcs，单价500元；酷炫外壳57pcs，单价500元。会计_张三根据业务背景录入凭证。

(15) 2月15日，公司从招商银行借入长期借款1,000,000元，用于扩建厂房，年末完工交付使用。借款期为三年，年利率9%，每年年末归还借款利息，到期一次还清本金。会计_张三根据业务背景录入凭证。

(16) 根据与精益电子采购合同规定，当月付清合同全款可享受5%折扣。2月18日，通过网银支付当月从精益电子采购的原材料货款，出纳_张三根据应付单下推生成付款单。

(17) 2月22日，经与度白科技协商，已计提未收回的40,000元坏账准备计划债务重组，方案为以一项长期股权投资偿付所欠账款的余额。长期股权投资的账面价值为60,000元，公允价值为40,000元。会计_张三根据业务背景录入凭证。

(18) 2月25日，客户度白科技完善退还包装物，公司已通过网上银行退还押金3,000元，出纳_张三根据收款单下推生成收款退款单。

(19) 2月26日，收到客户度白科技银行承兑汇票一张，面值20,000元，承兑人为招商银行南山支行，将应收票据计入度白科技应收款的收款项。在完成收款后，当天将应收票据向招商银行银行贴现，票面利率3.6%，贴现率8.86%，获得银行存款。会计_张三完成相关业务操作。

(20) 2月28日，会计_张三进行资产盘点，无资产损耗，并进行固定资产折旧及固定资产结账。

(21) 2月28日，结转本期进项税额、销项税额。

(22) 2月28日，计提当月税金及附加。

(23) 2月28日，财务部将本月车间发生的电费28,470元计入制造费用，冲抵暂估应付款。

(24) 2月28日，计提本月应付职工薪酬。其中，生产部工人的工资为724,000元，生产部管理人员的工资为42,300元，行政部工资为65,760元，财务部工资为80,134.56元，采购部工资为25,676.88元，销售部工资为24,982.05元。

(25) 2月28日，结转当月制造费用213,269.99元。其中，生产管理人员的工资42,300元，生产部水电费28,470元，生产部折旧费用142,499.99元。

(26) 2月28日，生产部25台完工产品入库，生产成本按照费用类型进行结转。其中，15台自动驾驶机器人R型的成本为640,884.99元，10台自动驾驶机器人S型的成本为439,885元，云端公司会计_张三录入凭证。

(27) 2月28日，结转本月销售成本。其中，自动驾驶机器人R型的成本为46,799.03元/台，数量108台；自动驾驶机器人S型的成本为43,466.97元/台，数量40台。会计_张三录入凭证。

(28) 2月28日，会计_张三进行应收款核销、应付款核销，并查看相关核销记录。

(29) 2月28日，会计_张三生成所有凭证并提交出纳_张三复核、财务经理_张三审核；审核完成后进行凭证过账、结转损益、期末结账等操作，并生成当期报表。